사망 플래그 도감

사망 플래그 도감

5,000편의 콘텐츠에서 뽑은 사망 플래그 91

찬타 지음 | 이소담 옮김

라이팅하우스

이야기 속 누군가를 죽이고 싶을 때
아주 유용한 책

영화를 보다 보면, 간혹 눈에 띄게 거슬리는 인물이 등장한다. 누가 봐도 위험해 보이는 괴생물체를 귀중한 표본이니 살려야 한다고 주장하는 과학자나, 위험한 상황에서 타인의 말을 무시하고 자기 멋대로 행동하는 사람이나, 실전은 경험해 보지도 않고 모든 것을 아는 척하는 신병 등등……. 다행히도(?) 이런 인물들은 거의 다 죽는다. 인간의 마음이란 비슷해서 거슬리는 짓을 하는 사람을 보면 멀리 내치고 싶어지기 때문이다. 영화에서도, 소설에서도, 죽어 마땅한 인물을 등장시키고 통쾌한 죽음을 선사해 주면 보는 이의 마음도 후련해진다. 물론 모든 죽음은 안타깝고 생명은 신성한 것이지만, 영화와 소설에서 이 정도의 대리 만족쯤은 인정해 주자. 잘 죽었다 싶은 인간들도 때로는 있지 않은가?

《사망 플래그 도감》은 영화, 드라마 등에서 반드시 죽는 사람들의 전형적인 특징과 행동을 글과 그림으로 자세히 보여 주는 재미있고 유쾌한 책이다. '사망 플래그'의 뜻은 '죽음의 지름길, 표식' 정도라고 할 수 있다. '○○짓을 하는 인간은 영화나 소설에서 반드시 죽는다'라는 일종의 클리셰인데, 장르 영화와 소설은 클리셰를 능숙하게 이용하면서 가끔 뒤집어 줘야 보는 재미가 있다. 반전의 반전이라고나 할까.

거장 웨스 크레이븐의 〈스크림〉(1999)은 호러 영화의 클리셰를 가지고 놀며 반전의 반전을 만들어 낸 걸작이다. 〈할로윈〉, 〈13일의 금요일〉 등 1980년대에 인기 절정이었던 호러 영화는 10대들을 난도질하며 '섹스하면 죽는다', '혼자 샤워하면 죽는다' 등의 클리셰를 양산했다. 〈스크림〉은 그런 10대 난도질 영화의 클리셰를 몽땅 가지고 와서, 능수능란하게 뒤집고 조합하면서 완전히 새로운 스타일을 창조했다.

《사망 플래그 도감》에 등장하는 클리셰들도 마찬가지다. 정말 공감되는 이야기지만 이것을 모든 영화, 드라마에서 반복하면 지루해진다. 그때는 역발상이 필요하다. 창작자가 《사망 플래그 도감》을 본다면, 클리셰를 그대로 쓰는 것이 아니라 어떻게 변주하고 어떻게 독자를 현혹하는 수단으로 사용할 것인지 고민할 것이다. 이미 잘 아는 설정과 이야기에서 독자보다 한발 앞서가 약간 뒤틀었을 때 대중은 환호한다.

또한 이야기를 창작할 때, 등장인물을 죽이는 것은 국면 전환이나 긴장을 고조시키는 데 매우 유용하게 사용된다. 작가들끼리의 농담처럼, 이야기가 막혔을 때는 누군가를 죽이면 된다. 하지만 제대로, 그럴듯하게 죽여야 한다. 그리고 반드시 이유가 있어야 한다. 죽은 인물이 어떤 인간인지에 따라, 독자의 감정이 다르게 요동치니까. 이야기 속 누군가를 죽이고 싶을 때 아주 유용한 책, 바로 《사망 플래그 도감》이다.

김봉석(영화평론가)

영화의 세계　　소설의 세계　　애니메이션의 세계

게임의 세계　　드라마의 세계

누구나 한 번쯤은 작품 속 세계에 가 보고 싶은 법이죠.

그러나 그곳에 흘러들어 간 순간 깨달을 겁니다.

죽음이 생각보다 가까이 있다는 사실을…….

1　수상쩍은 저택에 들어가는 사람은 죽는다

2　황천길 선물로 비밀을 가르쳐 주는 사람은 죽는다

3　대화로 해결하려고 하는 사람은 죽는다

4　비밀 정보를 전하려고 하는 사람은 죽는다

5　보스에게 작전 실패를 보고하는 사람은 죽는다

⋮

이 책은 각종 사망 플래그를 도감 형식으로 소개합니다.

저도 모르게 비명을 지르고 싶어지는 사망 플래그도 있고,

미처 깨닫지 못하고 죽음의 루프에 빠지는 사망 플래그도 있습니다.

그럴 때는 부디 이 책을 참고해 예고된 죽음을 회피하시기 바랍니다.

"이 사망 플래그 도감을 완성하면 결혼하겠다."

– 찬타 2020.09.16

목차

CHAPTER 1 　　**액션** | ACTION |

CHAPTER 2 　서스펜스 | SUSPENSE |

CHAPTER 3 SF │ SCIENCE FICTION │

CHAPTER 4 호러 | HORROR |

CHAPTER 5 대결 | BATTLE |

CHAPTER 6 패닉 | PANIC |

CHAPTER 7 괴수·좀비 | MONSTER·ZOMBIE |

사망 플래그에 관한 칼럼 003

영화배우와 사망 플래그

액션

ACTION

┏ 예고된 죽음의 순간 01

비명을 지르며 기관총을 난사하는 사람

보스에게 작전 실패를
보고하는 간부

실패는 성공의 어머니라는 속담이 있지만, 망했다는 보고를 긍정적으로 생각할 보스는 극소수죠. 게다가 거듭된 실패라면 죽음 이외에는 갚을 방도가 없어요. 다른 부하에게 본보기로서, 혹은 보스가 조직 내 자신의 영향력을 확인하려고 보고자의 목숨을 희생양으로 삼습니다. 그런데 더 본질적인 이유로 '쓸모가 없어지면 버린다'라는 냉혹한 배경도 생각해 볼 수 있어요. 거대 병기를 제작하거나 테러를 하려면 거금이 들죠. 실패가 잦아 주위의 의욕을 꺾는 간부는 다른 일에 써먹기도 힘들거니와 내보내면 정보를 유출할 가능성도 있어요. 그러느니 발생할 비용을 제로로 만들면 다음 작전 예산으로 돌릴 수 있습니다. 이런 판단이 결국 보스의 냉혹한 명령으로 이어집니다.

실전을 우습게 보는 신병

실패 원인은 몇 가지로 분류될 수 있습니다. 주요 원인 중 하나로 '극복해야 할 장애물의 높이를 가늠하지 못하는 것'을 꼽을 수 있죠. 놀랍게도 자기 목숨이 경각에 달린 지옥의 전쟁터에서도 그렇게 행동하는 캐릭터가 꼭 존재해요. 대개 그런 어리석은 인물은 훈련 성적이 우수한 넘버원 졸업생 같은 포지션일 때가 많고, 실전을 우습게 보며 "자, 전쟁에서 끝내주게 활약하겠어!"하며 아주 자신만만해합니다. 그런 인물은 동료들과 똘똘 뭉쳐서 정의감이 강한 주인공을 괴롭히고, 당장 내일이 전쟁인데 태평스럽게 마약을 복용하기 일쑤입니다. 그러다 전쟁의 무서움을 보여 주기 위해 작가가 고른 절묘한 희생양이 되죠. 자기가 무시했던 장애물에 발이 걸려 찌부러진 채 세상에 작별을 고하며 플래그가 회수됩니다. -by 차이치로

버터플라이 나이프를 짤각거리는 사람

사망플래그 003

버터플라이 나이프는 멋있죠. 기능적인 측면을 고려한 디자인도 그렇고, 열었다 닫는 인상적인 동작에 누구나 한 번쯤 반한 적이 있을 거예요. 그러나 버터플라이 나이프는 칼입니다. 깜박 잘못 다루면 자기 자신을 해치기도 하죠. 그런 위험한 물건을 시건방진 표정을 짓고 보란 듯이 짤각짤각 돌리는 안전 의식이 부족한 인간은 당연히 죽습니다. 나이프가 죽음의 직접적인 원인이 되는 경우는 드물지만, 때와 장소를 가리지 않고 조심성 없게 버터플라이 나이프를 짤각거리기나 하는 방심, 그러니까 상대를 우습게 보는 교만함 때문에 죽습니다. 이건 당연하답니다. 손이 심심하다고요? 버터플라이 나이프 대신에 피짓 스피너라도 돌리시죠. -by 지적인 해트

적을 붙들어 놓겠다고 말하는 사람

이른바 '후위'라고 불리는 사망 플래그입니다. 인상이 흐릿하거나 배신할 것처럼 생긴 인물이 그 순간만큼은 주인공들을 대피시키려고 온 힘을 짜내는 가장 반짝이는 장면이죠! 후위의 역할은 싸워서 이기는 게 아니라 목숨을 걸고 적의 진격 속도를 늦추는 것입니다. 적에게 쫓기는 장면은 1분 1초가 향후 전개에 큰 영향을 미치는데, 때로는 적에게 따라잡히는 전개로 이어지기도 합니다. 그때 "뒤따라갈 테니까 무사히 돌아가면 한잔 사!" "이게 내가 빚을 갚는 방식이야." "저 놈들을 나 혼자 다 쓰러뜨려도 괜찮지?" 같은 말은 안 하는 게 나아요. 차라리 호탕하게 단념하고 "내가 죽을 곳을 찾았노라"라고 말하는 편이 더 멋지지 않겠습니까?

비명을 지르며 기관총을 난사하는 사람

—— 아무리 고성능 총이 있어도 제대로 조준하지 않으면 못 맞히죠. 풀 버스트는 대량의 탄약이 떨어질 때까지 쏘아 대는 사격법입니다. 적이 많거나 강한 보스가 있을 때를 제외하고는 대부분 효과가 없으므로 군대 훈련에서는 절대로 하지 않는 사격법이죠. 또 "우오오오오오!" 하고 총성에 덧붙여 괴성까지 지르면 적의 시선을 끌기 쉽겠죠? 참고로 이렇게 전력을 다해서 쏘면 트리거 해피(쏘는 행위자체에 만족하는 것 – 옮긴이)는 되겠지만, 부대 전원의 목숨을 위험에 노출시킬 수도 있으니 완벽한 사망 플래그입니다. 중화기를 연사하며 적을 소탕하는 캐릭터는 실베스터 스탤론이나 아널드 슈워제네거처럼 탄환도 튕길 강력한 주인공 버프를 지녔거나, 업햄이 탄환을 가져다줄 수 있을 때만 성립합니다(영화 〈라이언 일병구하기〉에서 기관총 탄환을 보급하는 일을 맡았던 병사 – 옮긴이).

싸우는 도중에
회상 에피소드가 들어가는 사람

 사람은 살다 보면 노스탤지어나 추억에 잠길 때가 꼭 있어요. 일하느라 지쳤을 때, 전 남자친구가 결혼할 때, 배우도 감독도 분명 같은데 리부트 작품이 재미없을 때 등등. 한창 결전을 벌일 때도 의외로 회상에 빠지기 쉬운 순간이죠. 상대가 너무 강해서 꺾이기 직전이라든가 혹은 평생의 라이벌과 싸울 때 갑자기 과거 회상 장면이 들어갑니다(승리를 예상하고 히죽 웃을 때 억지로 넣는 패턴도 있습니다). 캐릭터의 정체성을 살리고 관객들에게 싸우려는 이유를 말해 주는 전개죠. 그런 것이 없으면 승리하는 감동적인 장면까지 잘 이어지지 않거든요. 그런데 최근 이런 흐름은 패배하는 패턴이자 사망하는 패턴으로 정형화됐습니다. 도무지 구제할 길 없는 캐릭터가 갑자기 과거를 회상하기 시작하더니 그대로 지는 장면이 이어질 때도 많이 있어요.

특히 미국 만화를 원작으로 한 영화나 B급 전쟁물, 일본 만화에서 그런 전개를 자주 보게 됩니다. 과거 회상 장면이 들어간 경우의 승률을 따지면 대략 50% 전후라고 합니다. 이기는 것도 지는 것도 그때의 운인 셈이죠. 참고로 회상 에피소드에 독창성이 있어 팬이 생기면 그 순간에는 죽더라도 다른 이유를 만들어서 다음 작품이나 최종 결전에 부활시키기도 해요(마블 시리즈의 필 콜슨 요원도 죽었다가 〈에이전트 오브 쉴.드.〉에서 다시 부활했죠). 전투에 집중해야 하는데 방심해서 회상이나 하니까 지는 거라는 지적도 있습니다. 아무튼 주마등처럼 연출할 것인가, 단순 과거 회상으로 보여줄 것인가, 죽이고 부활시키는 전개로 갈 것인가. 그건 신(프로듀서)만이 알겠죠?

다친 적군도 돌봐 주는 사람

사망 플래그에 선과 악의 카테고리가 있다면 '다친 적군에게도 보여 주는 친절'은 당연히 선에 속할 겁니다. 적과 아군을 구별하지 않고 중립적인 마음가짐으로 자애롭게 행동하는 캐릭터는 비정한 전쟁 영화에서 유일무이하게 희망을 주는 존재입니다. 그러나 그런 친절을 노리는 악당이나 피할 수 없는 총격에 허망하게 죽기 쉬운 안타까운 존재이기도 해요. 상대방이 입으로는 고맙다고 말하면서 죽이거나 부상 때문에 의식이 혼탁한 상태에서 죽이거든요. 자애로운 캐릭터는 매우 높은 확률로 안타까운 결말을 맞이하게 됩니다. 목숨은 당연히 존엄하지만 전쟁터는 비정한 법입니다.

대화로 해결하려는 마을 촌장

이곳은 물도 식량도 거의 없는 마을이라오. 부디 나가 주지 않겠소?

"대화하면 이해하게 될 것이다"라는 말은 일본의 정치가 이누카이 쓰요시가 5·15 사건* 때 남긴 명언입니다. 그 결과 그는 군부의 손에 사살당했죠. 무모한 교섭이 예상치 못한 좋은 결과를 가져올 때도 있어요. 그러나 한쪽이 압도적인 힘을 가진 유리한 상황에서 교섭을 유도하기는 쉽지 않죠. 대결 상황에서 상대의 목숨을 손에 움켜쥐는 것은 전략적으로 중요한 카드입니다. 다만 상대를 허투루 자극하면 마을 전체가 학살당할 상황일 때는 성공할 가능성이 거의 없는 '설득과 대화'에 기댈 수밖에 없습니다. 참고로 주인공이 살던 시골 마을이나 도시가 불타면 명작 RPG나 명작 애니메이션이 된다는 신기한 징크스도 있답니다.

---

* 1932년 5월 15일, 일본의 극우 청년 장교들이 수상 관저에 난입해 군의 축소를 지지하던 이누카이 쓰요시 총리대신을 암살한 군사 쿠데타. 이후 일본의 정당정치는 몰락하고 군부가 정계에 진출했다. – 옮긴이

병을 앓는 스승

캐릭터의 서사에 깊이를 더해 주는 요소, 다름 아닌 '병'입니다. 불치병을 앓지만 절대적인 힘을 지닌 스승은 병만 나았다면 승리했을지도 모른다는 'What if' 요소를 다양하게 만들어 주므로 이야기를 끌어갈 때 없어서는 안 될 존재예요. 또한 주인공을 분발하게 하고 그 가족의 비밀을 지켜 주거나 위기에서 벗어날 수 있게 시간을 벌어 주는 귀인입니다. 희생 없이는 승리할 수 없다는 진리를 스크린에서 상징적으로 보여 주기도 하죠. 대체로 대결에서 결판을 내려는 순간, 병 증상이 나타나 역전되어 패배하고 맙니다. 그런 장면이 나오면 관객들은 훨씬 더 감정이입을 하게 되죠. 주인공에게 최종 필살기나 싸울 때 필요한 마음가짐 등을 알려 주고 숨을 거두는 스승. 병에 걸린 스승이라는 캐릭터에 주인공 이상으로 팬이 많은 이유를 알 것 같죠?

반죽음 상태로
말을 전하러 온 사람

마라톤은 40km가 넘는 장거리를 달려온 전령이 승리를 전하고 숨을 거둔 전설에서 유래되었습니다. 마라톤은 올림픽의 꽃과도 같은 종목이자 현대사회에서는 건강을 추구하는 사람들에게 인기 있는 스포츠죠. 그러나 영화에서 이런 전령 역할을 맡은 사람은 마라톤의 기원에 대한 오마주를 하는 건지, 대부분 반죽음 상태로 뛰어들어 옵니다. 적군이 습격했다, 미지의 생물에게 당했다, 혹은 장군이 암살당했다 등 전하는 말은 각양각색인데 기원과 달리 보통 나쁜 소식을 전합니다. 참고로 전령을 주제로 한 작품으로는 영화 〈1917〉을 추천하고 싶어요. 일본판 제목의 부제는 '목숨을 건 전령'입니다. 제목에서부터 사망 플래그를 세운 이 작품이 어떻게 플래그를 회수하는지 궁금하시면 스트리밍 서비스나 블루레이로 확인하시기를!

암묵적인 규칙을 어기는 총잡이

　　　　총잡이의 대결은 목숨을 건 싸움이기에 규칙을 철저히 지킵니다. 등을 맞대고 서로 몇 걸음 걸어가다가 어느 정도 거리가 벌어지면 걸음을 멈추고, 동전이 떨어지는 것을 신호로 동시에 총을 쏘는 형식이 일반적이죠. 권총집에서 권총을 먼저 꺼낸 쪽이 이기는 것이 사격의 상식입니다. 그러나 총잡이의 기량, 주변 환경조건, 권총 정비 상태 등이 다 다르니 선수를 쳤다고 해서 반드시 이긴다는 보장은 없어요. 결투에서 총은 일격 필살의 위력을 지닌 셈이어서 상대를 이기지 못하면 내가 죽습니다. 그러니 비겁하게 미리 손을 총에 걸쳐 두거나 규칙을 어기는 악당의 심정도 이해가 됩니다. 다만 정의의 편에 선 자가 무엇이든 유리한 것이 서부극의 약속입니다.

　서부극에서는 선수를 쳐서 비겁한 수를 쓴 자보다 규칙을 지켜 나중에 총을 뽑은 사람이 이기게 마련입니다. 특히 뒤를 돌아보며 쏘는 유형의 결투에서는 비겁한 캐릭터가 "안됐지만 내가 빨랐어!" "죽어라!" 같은 뻔한 대사까지 곁들여서 사망 플래그를 아주 단단히 세우죠. 입방정이라도 안 떨면 좋을 텐데 말이에요. 참고로 실제 결투 규칙과 서부극 속의 결투 규칙은 다른 점이 아주 많았다고 합니다. 실제로는 승부만 내려는 목적이 강해서 사망률이 매우 낮았다고 해요(급소를 맞히기보다 몸 일부를 맞혀 승패를 확정하는 것이래요). 규칙을 지키며 싸울 것. 어기는 사람은 반드시 패배한다. 서부극의 결투 장면은 그런 권선징악적 측면을 내포한다고 할 수 있겠네요.

한 폭의 그림처럼 행복한 가족

행복한 가족이란 우리 인생의 소망 중 하나입니다. 미국에서는 두 쌍에 한 쌍, 일본에서도 세 쌍에 한 쌍이 이혼하는 현실이니 영화 속 전형적인 행복한 가정이란 의외로 판타지에 가까울지도 모르겠네요. 그런 행복의 상징이 이야기 서두에 등장한다면, 대부분 이야기 진행을 위해서 불행해집니다. 활을 잘 다루는 미남의 아내, 총기를 잘 다루는 남자에게 사랑받는 핏불, 조직에서 발을 뺀 여자와 결혼식 리허설을 하는 남자. 이렇게 말하면 좀 그렇지만, 우리가 영화에서 바라는 것은 행복한 장면의 연속이 아닙니다. 행복하기 위해서 계속해서 발버둥 치거나 무너져 버린 행복에 대한 복수를 하는 과정이야말로 가장 인기 있는 스토리텔링 기법이죠. 그래서 액션 영화가 행복한 장면으로 시작하나 봅니다.

유명한 배우와 싸우는 사람

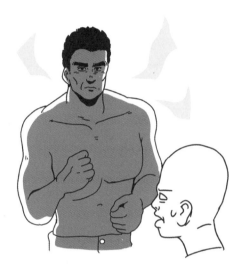

경력이나 인기에 따라 해당 등장인물의 생존율이 크게 달라지는 것은 영화 팬이 아니라도 다 알겠죠? 캐스팅 원칙은 영화 장르가 어떻든 똑같아서(샤크네이도 시리즈는 제외하고) 배우 개런티 순으로 범인이나 흑막(배후 조종자) 등 잘 죽지 않을 역을 줍니다. 그래서 상대가 유명하면 유명할수록 역전 승리는 어려워지고, 혹시 멋진 장면을 연출하더라도 허망하게 사망합니다. 유일하게 플래그를 깨부술 수 있는 장르는 시리즈물 영화나 외국 드라마입니다. 배우 개런티가 시리즈가 진행됨에 따라 예산을 초과해 몇 배로 불어나거나, 배우의 일정 문제 때문에 예상을 벗어난 죽음이 나오기도 합니다. 그래도 반복해서 말하지만 죽는 쪽은 보통 개런티가 낮은 쪽이죠. 플래그도 돈에 달렸네요.

자동차 추격전에 휘말린 탱크차

덩치 큰 차는 멋있죠! '큰 차'라면 어른도 아이도 다 좋아합니다. 특히 영화 감독은 누가 뭐래도 탱크차를 좋아하죠. 탱크차는 휘발유를 비롯한 위험 물질을 나르며 조용히 일합니다. 하지만 퇴장할 때는 폭발과 화려한 불꽃으로 관객의 시선을 사로잡죠. 엑스트라 탱크차는 대부분 운전자의 조작 미숙으로 나뒹굴어 쾅 하고 터지는 것이 장기입니다. 보통 분위기 고조를 위해 희생되는데, 스티븐 스필버그의 〈대결〉에서는 탱크차의 생존 능력이 몹시 뛰어나요. 뭐 이런 게 다 있나 싶을 정도로 주인공을 궁지에 몰아넣는 최악의 적으로서 굉장히 인상적이죠. 또한 애니메이션 〈죠죠의 기묘한 모험〉 OVA나 〈마법소녀 마도카☆마기카〉에서는 탱크차가 승부수로 활약합니다. 이쯤 되면 엑스트라에서 뛰어난 조역까지 해내는 대단한 연기자 아닙니까? -by 사토

전쟁이 끝나면 결혼하려는 사람

> 나는 전쟁이 끝나면 결혼할 거야.

> 고향에서 식을 올릴 건데 그때 너도 초대할게.

　　이루지 못할 꿈처럼 아름답고 안타까운 것도 없습니다. 목적을 이루지 못하고 쓰러지는 자는 관객들의 눈물을 자아내죠. 어쩌면 이 사망 플래그는 일종의 희망고문일지도 모릅니다. 단골 중의 단골인 "전쟁이 끝나면 결혼할 거야……"는 분명 희망고문이죠. 어떻게든 새드 엔딩을 불러오고야 마는 저런 말을 하는 이유는 도대체 뭘까요? 혹시 누가 말려 주길 바라면서 저런 소리를 하는 걸까요? 보는 쪽이 불안해집니다. 해당 인물이 바라는 최고의 미래는 무사히 귀환하고 결혼해서 행복한 부부로 사는 것이겠지만, '죽음의 미학'을 담아냄으로써 사랑받는 캐릭터가 된다는 장점도 있습니다. '목표를 가시화'하고 이루지 못해야 오래 기억에 남고 사랑받습니다. 해피 엔딩이 꼭 정답은 아니에요. 그러니 안심하고 사망 플래그를 세우세요! -by SYO

귀중한 식량 운반차

　　바야흐로 음식이 넘치는 시대입니다. 하지만 스크린 안에서는 절망에 빠진 사람들이 폐허 속에서 살고 있습니다. 그곳에서 식량을 운반하는 트럭 한 대! 벌써부터 불길하죠? 사람들의 희망을 운반하는 이 차는 관객과 등장인물의 기대를 한껏 부채질한 끝에 대부분 파괴되거나 약탈당합니다. 지폐를 지녀 봤자 소용없는 세계에서 식량 운반차는 현금 수송차나 마찬가지예요. 운전자가 "마을 사람들이 기뻐하겠지? 빨리 전달하고 싶어!" 같은 뻔한 대사를 중얼거리는 순간, 대부분 아웃. 전면 유리가 와장창 깨지거나 갑자기 문을 열고 누군가가 뛰어들죠. 조심성 없게 정차해서도 안 됩니다! 순식간에 살해당하고 싶지 않다면, 식량을 운반할 때는 〈매드맥스: 분노의 도로〉의 임모탄 조 정도로 믿음직한 대열을 짜서 운반해야겠죠?

전투 중에 상대의 주제가가
흘러나온다면

한창 싸우는 도중에 주제가가 흐른다? 악당들은 이쯤에서 호기롭게 포기하는 편이 좋습니다. 주제가가 나오는 순간, 그 어떤 절체절명의 위기에 몰렸어도 주인공은 버프를 받아 후렴구가 나올 타이밍에 승리를 확정하니까요. 이 패턴은 영화보다도 애니메이션과 특수촬영물*에서 흔히 볼 수 있습니다. 처형용 BGM이라는 별칭이 있을 정도예요. 애니메이션 〈북두의 권〉의 '사랑을 되찾아라', 〈명탐정 코난〉의 '그대가 있다면', 〈세인트 세이야〉의 '페가수스 환상' 등 주제가를 꼽자면 끝이 없습니다. 단, 편곡한 버전이라면 주인공 쪽의 주요 캐릭터에게 비극이 닥칠 가능성도 있습니다. 어쨌든 주제곡의 도입부가 흘러나오면, 악당들은 악착같이 인상적인 죽음을 연출하도록 노력해야겠죠?

---

* 사람이 특수 제작한 인형 옷을 입거나 분장하여, 미니어처로 이루어진 무대장치 위에서 연기하는 모습을 촬영한 영화. 대표적으로 〈고질라〉(1954), 울트라 시리즈, 가면라이더 시리즈 등이 있다.

Chapter 2

서스펜스

SUSPENSE

ㅏ 예고된 죽음의 순간 02

돈으로 살아남으려는 사람

황천길 선물로
비밀을 가르쳐 주는 사람

황천길 선물로
우리 조직의
진짜 목적을
알려 주지.

'황천길 선물로 비밀을 알려 주는 사람'은 어느 나라에나 존재합니다. 평상시에는 대개 욕심 많고 의심이 깊으며 계산이 뛰어나 파고들 틈이 없죠. 자기 야망을 위해서라면 수단을 안 가리고, 손을 더럽히는 일도 마다하지 않는 타입이에요. 남을 위해 일부러 시간을 내서까지 뭔가 가르쳐 줄 인격자가 아닙니다. 그런데 이상하게 그런 인간일수록 결정적인 순간에 갑자기 "황천길 선물로 좋은 걸 알려 주마"하며 숨겨진 진실을 밝히려고 해요. 절대적인 우위에 섰다고 착각한 인간에게 공통으로 보이는 방심 패턴이죠. 아무튼 진실을 전부 다 털어놓았을 타이밍에 이 '황천길 선물 아재'는 허를 찔려 역전극 끝에 죽습니다. 사망 플래그를 피하고 싶다면 긴 대사는 자제하고 재깍 방아쇠를 당겨야겠죠? -by 지적인 해트

화장실 개인 칸에
숨는 사람

사람은 화장실의 지배를 받습니다. 인류에게 자유의지가 있다고 생각한다면 큰 착각이에요. 영화를 보는 중에도, 차에 탄 순간에도, 전쟁 중에도 요의를 느끼면 반드시 화장실에 가야 해요. 화장실 퍼스트. 화장실이 인류를 완벽하게 지배한 것이죠! 영화 속 사정도 마찬가지입니다. 특히 〈좀비랜드〉에서는 좀비가 가득한 세상에서 살아남기 위한 생존 규칙으로 '화장실을 조심하라'가 있을 정도라니까요. 사람은 좀비 때문에 죽는 게 아니라 화장실 때문에 죽어요. 좀비물을 비롯한 대부분의 장르물에서 나타나는 규칙입니다. 그러니 공룡이나 살인마가 쫓아오더라도 화장실에 숨어 위기를 모면하려고 하지 마세요. –by 차이치로

약물에 의존하는 사람

피가 튀고 살점이 난무하는 스플래터든 스릴이 넘치는 액션이든, 약물을 좋게 보는 영화는 없어요. 아무리 파국을 그리는 영화라도 윤리적인 요소를 무시하거나 직접적으로 범죄를 조장한다면 그 등장인물은 용서받지 못합니다. 그런 암묵적인 규칙에 따라 약물에 의존하는 인물에게는 대부분 철퇴가 가해지죠. ① 폐인이나 괴물이 되는 패턴, ② 약물 때문에 사고사 혹은 심정지로 사망하는 패턴, ③ 환각 때문에 친구나 가족을 죽이는 패턴. 할리우드와 마찬가지로 일본도 영화 관계자의 약물 오용이 매우 심각하다고 합니다(부자가 많으니까 그렇겠죠?). 영화 속 사망 플래그를 교훈 삼아 상습적인 약물 투여에서 벗어나는 건 어떨까요?

중요 인물의 보디가드

보디가드라는 직업, 멋있죠! 퇴역 군인이나 경비대의 이직처로도 인기 있는 직업이라고 합니다. 특수 훈련을 받은 사람이라면 억대 고액 연봉자가 될 수도 있다고 해요. 작품에서는 정치가나 배우, 마피아의 의뢰를 받아 그들의 신변 보호를 맡는 경우가 많은데 대체로 경찰과는 사이가 좋지 않습니다. 보디가드는 자기 일에 대한 자부심이나 존재 의의를 위해서 대개 협력 체제를 거부하는 캐릭터로 자주 설정됩니다. 그래서 이야기 초반에 나오는 보디가드만큼 쉽게 공격당하는 존재도 없습니다. 강인한 육체와 강력한 중화기를 들었어도 몇 명 안 되는 악당들에게 살해당하거나 경호 대상을 유괴당하죠. 자신만만했던 그들이지만, 다음 장면에서 만나는 모습은 시체 안치소에 누워 있는 처참한 시체일 때가 많아요.

사망 플래그
022

돈으로 살아남으려는 사람

어떤 분쟁에 휘말렸는데 누가 봐도 당신이 잘못했을 때, 그 문제를 돈으로 해결할 수 있다면 돈을 내는 게 최선입니다. 돈으로 하는 화해야말로 이 세상에서 가장 빠르고 뒤끝 없으며 법을 크게 위반하지 않는 방법이에요. 그러나 이 논리는 '상대가 극명한 살의를 내뿜으며 총구를 겨누는 상황'에서는 통하지 않습니다. 사느냐 죽느냐 하는 절체절명의 상황에 놓였다면 돈을 들먹여도 이미 늦었죠. 복수를 하려는 상대 혹은 무덤덤하게 '살인'을 행하려는 상대에게 일반적인 이해득실을 따져 봤자 통할 리 없습니다. '돈이 있으면 귀신도 부릴 수 있다'는 말이 있는데, 때에 따라서는 체면이나 신용, 원한 같은 것이 돈 이상의 의미를 지니기도 합니다. −by 지적인 해트

미인의 유혹을 받는 사람

두근-

저기, 잠깐 단둘이 있지 않을래요?

시도 때도 없이 미인이 접근하는 루팡 3세를 제외하면, 미인의 유혹을 받고서 따끔한 맛을 보지 않는 사람은 드물죠. 함정인 줄 알아도 바보같이 끌려가 대부분 뻔히 보이는 지뢰를 밟는 남자들이 많습니다. 미인의 유혹이 끈질기면 끈질길수록 지뢰일 확률은 더 높아집니다. 관객들도 한심한 남자가 죽음에 다가가는 꼴을 긴장감 없이 웃으며 즐기죠. 〈엑스맨 2〉에서 체내에 철분을 주입당한 남자를 보면 알 수 있듯이 신이 나서 미인을 따라간 결과는 변사체이더라는 패턴이 많습니다. 약속된 죽음이라고도 할 수 있는데, 미인 역을 맡은 배우가 첫선을 보이는 장면이기도 하니 유심히 관찰하면 의외의 복선을 발견할지도 몰라요.

혼자만 다른 방에 틀어박힌 사람

유난히 혼자 있는 것을 좋아하는 사람이 있습니다. 노래방, 놀이공원, 영화관… 등등. 남의 시선만 신경 쓰지 않으면 나만의 시간을 만끽할 수 있습니다. 그러나 아무리 혼자가 좋아도 절대 혼자 있으면 안 될 때가 있어요. 바로 살인 사건에 휘말렸을 때! 거실에 다 같이 모여 있는 상황, 범인이 있을지도 모른다고 의심해서 혼자 방에 있고 싶어 하는 캐릭터가 있습니다. 하지만 그런 때야말로 범인과 같은 방에 있어야 안전해요. 범인은 상대방이 혼자가 된 타이밍에 목숨을 노립니다. 그뿐 아니라 알리바이를 증명하지 못하면 죄를 뒤집어쓰게 될지도 몰라요. 초등학생인 척하는 천재 명탐정(코난)이나 명탐정 조부를 둔 소년(김전일)이 없다면, 다른 사람과 함께 거실에 있는 편이 낫습니다. -by 시노노메

한밤중에 노크 소리를 듣는 정치가

똑똑. 작은 노크 소리가 들리는 호텔 방문. 한밤중에 누구지? 의아해하는 정치가. 룸서비스? 아니면 방을 잘못 찾았나? 정치가는 침대에서 일어나 문으로 다가갑니다. 곧바로 문을 열지 않고 만약을 위해 도어 아이(문에 달린 구멍)로 내다보지만, 밖에는 아무도 없네요. 의아해서 문을 열면 갑자기 문의 사각지대에서 자객이! 이런 명백한 사망 플래그 때문에 영화 속 유력한 정치가들이 많이도 목숨을 잃었습니다. 이런 식상한 클리셰라니, 참으로 안타까움을 금치 못하겠어요. 호텔에 묵을 때는 작은 노크 소리가 들려도 꼭 무시하세요. 잘못 들었겠거니 생각하고 침대에 누워 푹 자는 캐릭터를 한번 보고 싶습니다.

혐오스러운 행동을 하는 사람

미스터리나 스릴러 드라마에서 인물이 사망하는 순서는 의외로 중요합니다. 혐오 포인트를 최고치로 적립한 시어머니. 착하고 속 깊은 올케를 괴롭히는 시누이. 막장 드라마의 전형적 포지션으로 심술보가 주렁주렁 달린 의붓언니. 신데렐라 같은 동화를 통해 남을 괴롭히면 안 된다는 교육을 숱하게 받았을 텐데도 주인공을 걸레짝처럼 다루고 괴롭히는 인물이 사망 플래그를 가장 먼저 세우죠. 이들이 마지막까지 살아남는 경우는 거의 없습니다. 물론, 괴롭히도록 주도한 흑막이 사실은 선한 캐릭터였다는 허를 찌르는 결말도 있긴 해요. 그래도 대부분은 권선징악입니다. 인간의 도리를 벗어난 혐오스러운 행동을 하는 캐릭터는 사망할 뿐만 아니라 관객들에게 동정표도 못 받는 결말을 맞이합니다.

극비 정보를 쥔 사람

　　군대가 개발하는 비밀 병기, 유명한 사회적 기업의 어두운 이면, 중대한 사건의 범인을 밝힐 증거, 경찰 내부의 비리 정보. 세상에 비밀은 수없이 많습니다. 그리고 그걸 들쑤신 인물은 목숨을 잃을 것입니다. 특히 영화 중반에 진상을 알아차린 인물은 '반드시'라고 해도 좋을 정도로 비참한 결말을 맞이해요. 무슨 수를 써서라도 정보를 전하려고 하지만, 전화 너머에서 "도청당할 가능성이 있으니까 만나서 얘기하죠"라고 말하는 순간부터 목숨을 건 이동을 시작해야 합니다. 끊자마자 바로 살해당하는 예도 있고, 만나기로 한 곳에 조금 일찍 도착했다가 살해당하는 예도 있습니다. 그나마 간신히 다잉 메시지라도 남기면 합격점. 이제 주인공은 죽음의 진실을 밝히기 위해 미스터리 속으로 들어갑니다.

'플래그'란 무엇인가?

플래그(flag), 번역하면 깃발이라는 뜻입니다. 실질적으로 쓰이는 단어의 의미는 ① 프로그래밍 ② 시뮬레이션·어드벤처 게임을 통해 성립됐다고 합니다. 먼저 프로그래밍의 플래그부터 살펴보자면, 조건 분기나 계산 결과 등을 넣는 영역을 이렇게 부릅니다. 예를 들어, 가게 재고가 '0'이 됐을 때 '품절 플래그'가 세워져서 구매 버튼을 누르지 못하게 되죠. 이것이 프로그램이 행하는 플래그로, 품절이면 사지 못한다고 깃발을 드는 듯한 움직임에서 이름이 지어졌습니다. 플래그는 이 프로그래밍 용어에서 시작해 마이크로컴퓨터 사용자나 일부 게임 창작자 사이에서 차츰차츰 인지도가 높아졌습니다. 대중적으로 익숙해지기 시작한 계기는 코나미의 연애 시뮬레이션 게임 〈두근두근 메모리얼〉을 비롯한 시뮬레이션 및 어드벤처 게임이 하나의 장르로서 성립한 후가 아닐까요? 특히 '도키메모'라고 불리는 〈두근두근 메모리얼〉은 인기가 대단해서, 이벤트 진행법이나 숨은 캐릭터를 찾는 방법 등을 놓고 정보교환이 활발하게 이루어졌습니다. 어떤 매개변수여야 하는지, 즉 플래그가 무엇인지 사람들이 인식하기 시작했죠. 이때는 게임의 여명기였던 만큼 난이도도 높아서 한 번에 깨기 어려웠다고 합니다. 이 밖에도 게임을 통해 각종 플래그의 이름이 생겨났습니다. '패배 플래그'는 아무리 공격을 퍼부어도 데미지가 먹히지 않거나 일격 필살로 내 캐릭터가 죽는 등 스토리 전개상 강제로 시작되는 이벤트를 말합니다. '승리 플래그'는 그 반대 패턴이어서 아무 것도 안 했는데 무적 상태가 되거나 필살기를 마구잡이로 쏠 수 있는 상태지요. 기본적으로 화가 날 법한 사건이나 이벤트도 '플래그'라는 단어를 붙이면 뭐든 성립합니다. '이혼 플래그·철야 플래그·보너스 플래그·쪽지 시험 플래그' 기타 등등……. 플래그는 프로그래밍 용어이면서 이미 일반용어로 편입되었습니다. 여러분도 한번 새로운 플래그를 만들어 보는 건 어떨까요?

위험한 녀석

실례합니다.

무슨 일이시죠?

앗, 경찰관이다!

다행이다….
우리가 조난을
당했는데요.

헉~

도망쳐!

후다

저렇게 혼자 달려온
경찰일수록
믿지 못할 존재야!

어?
왜 그래!?

틀림없이
몇 초 후에 죽을 테니까
저 사람 옆에 있으면
안 돼!

그리고 탐정이나 금발에 수영복을 입은 캐릭터가 곁에 있으면 무조건 도망쳐야 해.

십중팔구 문제에 휘말릴 테니까.

오ㅡ

그럼 누가 도와주러 와야 쫓아가도 돼?

아널드 슈와제네거나 제이슨 스타뎀이나 실베스터 스탤론.

헤헤

음~ 과연 와줄까?

저런 조난 헬기도 타자마자 공격을 받아서 추락할 거야!

진짜로 스탤론이 올 때까지 기다리려고?

탈탈탈탈...

응. 사인받고 싶다….

끝

Chapter 3

SF

SCIENCE FICTION

⚐ 예고된 죽음의 순간 03

이상 반응을 기계 고장이라고 믿는 사람

이상 반응을 기계 고장이라고
믿는 사람

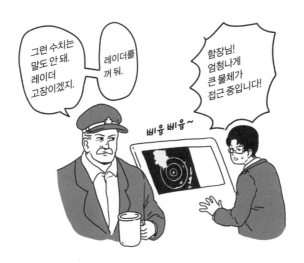

미확인 물체를 제일 먼저 확인한 레이더 담당자와 이를 묵살하는 지휘관, 엄청난 속도로 이미 피할 수 없는 지점까지 닥친 괴물…. 다음 단계는 쉽게 예상할 수 있겠죠? 실제로 기계 오작동은 생각보다 많아요. 본부에 보고하면 긴급 출격과 개전으로 이어질 수 있으니, 내부에서 철저하게 확인하거나 그냥 쉬쉬하려는 것도 이해할 수 있는 일이죠. 그러나 영화에서는 사망 플래그로 이어집니다. 참고로 이 사망 플래그를 깨부순 유명한 장면도 있어요. 애니메이션 〈기동전사 건담〉에서 샤아의 자크와 아무로의 뉴 건담이 처음 대결했을 때, MS(로봇 병기인 모빌 슈트 – 옮긴이)가 평상시의 3배 속도로 접근한다는 보고가 있었어요. B급 영화라면 기계 오작동이라고 판단했을 테고, 그 결과 화이트베이스(건담에 등장하는 우주 전함 – 옮긴이)는 침몰했을 것입니다. 그런데 초대 함장 파올로 카시어스는 샤아의 자크임을 꿰뚫어 보고 아무로에게 전달해서 생존했죠. – by 사토

거대 괴수 주변을 선회하는 전투기

영화에서는 지루해질 때마다 한 번씩 격추당하는 전투기인데, 최신 전투기 랩터(F-22) 한 대당 가격이 1.5~2억 달러라고 해요. 조종사 훈련에도 최소 몇 년은 걸린다고 하니, 격추됐을 시 군대나 국방에 미칠 영향은 헤아릴 수 없겠죠? 그렇다면 전투기는 왜 거대 괴수의 주위를 선회할까요? 그것은 거대 괴수가 해충을 유혹하는 전등과도 같은 존재이기 때문이 아닐까요? 여름철 편의점 불빛이나 가로등에 달려드는 불나방이나 모기처럼, 슬렁슬렁 괴수에 접근하다가 거리감을 잘못 판단한 전투기가 파란 광선을 맞고 뚝 떨어지는 스펙터클한 장면은 괴수물의 백미죠. 일단 거대한 크기에 시선을 빼앗기기 쉬운데, 앞으로는 괴수들이 지닌 괴상한 특수 능력에도 주의를 기울여야겠죠?

사망플래그 030 — 이상한 물체를 만지려는 사람

　　뭐든지 맹하게 손으로 만지려는 습관은 SF에서 금기시됩니다. 특히 뭔가 미끈거리는 생물의 살덩어리나 습지대 깊은 곳에서 발견한 거대한 알, 태고의 저주가 담긴 전설의 보물은 만지면 안 됩니다. 십중팔구 만지자마자 안에서 외계 생명체가 튀어나오거나 알을 낳은 거대 생물이 나타나거나 태고의 위대한 자가 정성껏 만든 최첨단 살인 장치가 발동할 테니까요. 그런데도 만지는 사람은 예나 지금이나, 또 앞으로도 끊이지 않을 겁니다. 그리고 사차원 벽 너머의 관객들에게 '저거 바보 아냐?'라고 손가락질 받으며 죽겠죠. 이해할 수 없는 일이지만, 현실에서도 프로가 무심코 저지른 방심이라는 플래그가 대참사로 발전하는 일이 제법 있으니, 그들을 반면교사로 가슴에 새겨 둘 필요가 있겠죠? - by 지적인 해트

숫자로 이겨 먹으려는 사람

손자병법에 '수를 계산해 싸우고 수가 적으면 도망가라'라는 말이 있습니다. 다수의 병사를 이끌고 싸우는 것은 승리로 가는 최단 루트인데, 영화나 애니메이션에서는 '비겁자'로 여겨져서 주인공의 실력을 빛내 주는 들러리처럼 다뤄지기도 해요. 건담 시리즈에서 가차 없이 격추당하는 돔. 영화 〈13인의 자객〉에서 죽어 나가는 상대편 사무라이. 영화 〈300〉에서 허망하게 패배하는 페르시아군. 적벽대전의 조조군. 최근 유행하는 이세계 전생물*의 잡다한 엑스트라도 그렇습니다. 참고로 압도적 우위의 상대와 대치할 때는 어떻게 하면 될까요? 정답은 어느 정도 손해가 생기면 무턱대고 싸움을 이어가지 말고 은근슬쩍 퇴각하는 것입니다. 수가 많으면 한 명 한 명의 죽음을 정성껏 그릴 여유가 없으니 몰래 도망쳐도 들키지 않거든요. 여러분도 지금 생각나는 작품이 있죠?

---

* 주인공이 원래 살고 있던 세계에서 죽은 뒤 또 다른 세계에서 환생해 살아가는 이야기를 다룬 장르.

탈출 포드로 혼자 도망치려는 사람

동료를 두고 도망치는 놈에게 인권은 없다! 동료를 배신하고 도망치는 배신자에게는 비참한 죽음을! 이것이야말로 관객들이 바라는 바죠. 그런 기대를 배신하지 않는 것이 '혼자만 도망치는' 사망 플래그. 흑막이든 주인공의 친구든, 탈출 포드로 혼자만 도망칠 수는 없습니다. 포드로 탈출을 시도하는 인물은 세 가지 유형으로 나눌 수 있어요. ① 내 목숨이 아까운 유형: 나는 적이나 보스를 쓰러트릴 힘이 없어, 도망치지 않으면 죽을 거야! 눈앞에 탈출 포드가 있네! 도망쳐야지! ② 치사한 사기꾼 유형: 심리전으로는 늘 우위에 선다고 자부하는 사기꾼으로 사기를 쳐서 혼자 도망가려고 하죠. 늘 자기 위주로 행동하는 데다가 반성도 안 합니다. ③ 최후의 수단 유형: 보스가 최후의 수단으로 주도면밀하게 탈출 포드를 준비해 둔 경우 부하도 버리고 혼자 도망가죠. 이것이 혼자서 도망치는 인물

의 전형입니다. 물론 죽는 방식도 대체로 패턴이 있어요. "으하핫! 도망쳤군!" 하
고 크게 웃는 순간, 대부분 격추당해 폭발합니다. 탈출 포드에 폭파 장치가 설치
되었거나 대공미사일에 격추되거나. 어쨌든 단말마의 비명과 함께 폭발해 산화
하고 맙니다. 탈출 포드로 도망치려는 사람들에게 어울리는 중국의 고사가 있어
요. '악이 작더라도 행하지 말라'는 말입니다. 아무리 사소한 일이라도 나쁜 짓을
해서는 안 된다는 의미죠. 다시 마음을 고쳐먹고 되돌아와야 사랑받는 캐릭터가
됩니다.

제어하기 불안정한 괴물을
다루는 사람

불안정하지만 강력한 힘을 지닌 괴물. 그런 괴물을 다루는 과학자들은 분명 뛰어난 두뇌를 지녔겠죠. 모두가 불가능하다고 생각한 도전에도 적극적으로 뛰어들고 실패하기를 반복하는데, 그런 사람일수록 쉽게 함정에 빠집니다. "나라면 이 괴물을 제대로 제어할 수 있어!" 이렇게 자신하는 사람은 입시 전쟁, 논문 심사, 연구까지 완벽하게 해내서 단 한 번도 좌절한 경험이 없을지도 모릅니다. 그렇게 평생 쌓아온 자만심으로 완벽한 괴물을 만들어 냈다고 착각하는데, 그 앞에 기다리는 것은 괴물의 반격. 괴물도 인간과 마찬가지로 신뢰 관계가 중요하지 않을까요? 자만심을 버리고 사랑으로 대화하면 희생자 1호가 되는 일만은 피할 수 있을지도 모릅니다.

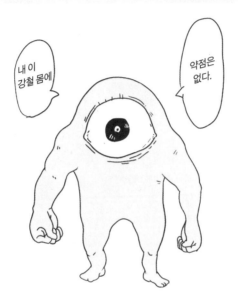

사망 플래그 034

딱 봐도 디자인에 약점이 있는 몬스터

판타지 속 몬스터나 SF 영화의 괴물 중에는 튼튼한 육체와 높은 지능을 겸비한 캐릭터가 많아요. 그런데 개중에는 딱 봐도 약점인 부분이 있거나 눈에 띄는 부위에 이상한 돌기가 달린 녀석도 있습니다. 사망 플래그를 몸에 지니고 다니는 셈이죠. 이렇게 만들어진 몬스터는 말하자면 강화유리 같아요. 보통 유리보다 몇 배나 뛰어난 강도를 지녔으나 측면에서 가벼운 충격만 줘도 쩍쩍 갈라지며 파편이 되어 깨지죠. 일부를 강하게 하면 일부가 약해집니다. 그런 배경도 잘 모르고 영웅 캐릭터는 "약점을 발견했어!"라고 외치죠. 아니 저기요, 몬스터들의 강점도 좀 주목해 주면 안 될까요? 이런 의견이 많았는지 약점을 노리다가 도리어 당하는 '역 사망 플래그'도 생겨났습니다.

약물 주사를 맞아 거대해지는 사람

이걸로
내 실험은
완성이야!

　　　궁지에 몰린 과학자가 저지르는 전형적인 사망 플래그입니다. 알 수 없는 액체가 담긴 주사기를 팔뚝에 꽂고 주입, 순식간에 초거대 몬스터로 변신! 특히 나치의 비밀 기술이 담긴 완성 직전의 실험약을 마지막 수단으로 자신에게 주사하는 패턴을 많이 볼 수 있습니다. 대부분 어마어마한 힘을 얻지만, 일시적으로 얻은 힘에는 대가가 따르는 법. 근육이 급속히 감소하거나 무한정으로 성장하거나 지능이 저하하는 등 각종 부작용을 겪게 됩니다. 그리고 그 부작용 때문에 패배하죠. 그런데 이렇게 덩치가 커지는 약물은 영웅 쪽에 있으면 효과적인 아이템이에요. 캡틴 아메리카의 혈청이나 뽀빠이의 시금치에는 부작용이 없죠. 영웅 캐릭터가 아니라면, 결코 이런 수단에 손을 대지 말아야겠죠? -by 사토

러닝타임이 얼마 안 남은 적

　　가령 수천 대군도 이기는 극강의 무사이거나 삼라만상을 지배하는 어둠의 대마왕이어도 절대 이기지 못할 것이 있습니다. 다름 아닌 러닝타임. 아무리 강대한 힘을 지녔어도 이야기의 남은 시간이 아슬아슬하면 어떻게 이길 방법이 없죠. 용사에게 휘말려 쓰러져서 다소 불완전연소한 듯한 죽음을 맞이합니다. 다만 감독이 일반적인 이론을 깨부수기 좋아하는 타입일 경우 이기고 사라질 가능성도 없지는 않아요. 또 이야기가 '용사의 패배, 다음 이야기는 속편에서'라는 결말로 끝난다면 치명상에 가깝게 다치더라도 죽지는 않죠. 그러나 어느 쪽이든 이렇게 전개될 가능성은 희박하니, 죽을힘을 짜내 필살기라도 퍼붓고 죽는 게 좋겠죠. -by 지적인 해트

갑자기 무지막지하게 커진 괴물

슈퍼전대 시리즈 세 번째 작품 〈배틀 피버J〉부터 시작한 전대 히어로와 괴물의 거대화 대결. 역전의 한 수로 흔한 설정이 '무지막지하게 커지기'입니다. 물리학적으로는 커질수록 강해지는 것이 정설인데, 이때껏 역전해서 이긴 패턴은 없어요. 왜 커졌는데 오히려 약할까요? 질량보존의 법칙 때문입니다. 괴물은 보스의 에너지나 특수 아이템을 받아 거대화하지만, 본체는 거대해진 만큼의 에너지를 보유하지 못했어요. 그 결과 보기에는 거대하지만 실제로는 에너지가 부족한 상태가 된 거죠. 말하자면 풍선에 공기를 불어 넣은 상태인 겁니다. 그러니 전대 히어로를 이기지 못합니다. 사망 플래그를 피하고 싶다면 애초에 괴물을 거대하고 더 튼튼하게 만든 후에 대결을 벌이는 것은 어떨까요?

가라앉는 전함 위에서
감회에 잠기는 함장

함장이 될 조건을 세 가지 꼽는다면 '인망·전략·책임감'이 아닐까요? 사랑하는 파트너(전함)와 부하를 구하고자 마지막까지 싸우는 함장의 모습을 보면 우리네 가슴도 뜨거워집니다. 끝까지 공격을 지시하는 열혈 함장도 있고, 작전 수행을 위해 목숨을 던지는 함장도 있습니다. 또 출연 시간이 짧지만 많은 인명을 구한 위대한 함장도 있습니다. 침몰 장면이 이야기 중반에 나온다면, 원숙한 함장일수록 사망률이 매우 높아집니다. 일개 병사인 젊은 주인공이 함장을 대행할 경우, 주인공 대신에 항해사나 부함장이 죽는 상황도 많아요. 설령 전함과 함께 장렬히 죽음을 맞더라도 그 죽음을 비웃는 자가 감히 있을까요? 그야말로 함장다운 태도이자 죽음의 미학이죠.

사망플래그 039 — 귀중한 생물이니 죽이면 안 된다고 주장하는 과학자

이 주장에도 일리는 있죠. '태곳적 멸종한 생물'이거나 '다른 행성에 사는 생물'은 과학적으로 귀중한 자료죠. 산 채로 포획할 수 있다면 자신만의 단독 연구로 얼마든지 부와 명성을 거머쥘 수 있습니다. 그런데 만약 그 생물이 '일직선으로 돌진해 오며 뭐든지 다 먹어 치우는 포식자' 혹은 '성질이 몹시 잔인하고 지능이 높아 인간을 숙주로 삼으려고 호시탐탐 기회를 노리는 외계 생명체'라면, 과학자의 순수한 연구 정신은 최악의 결과를 낳습니다. "죽이면 안 돼! 얼마나 귀중한 생물인지 알기나 해!" 하고 외치다가 그 괴물의 손아귀에 비참하게 죽으며 플래그가 회수됩니다. 보호나 연구도 중요하지만 자연은 '약육강식의 법칙'이 작동한다는 것을 잊지 맙시다. –by 지적인 해트

완벽한 보안을 장담하는 군사 병기의 담당자

그 군사용 로봇의 보안은 완벽합니까? 최첨단 기술로 관리하고 있나요? 만에 하나라도 폭주할 가능성은 없나요? 그렇군요. 대기업에서 일하는 우수한 전문가가 하는 말이라면 믿을 만하겠죠. 그렇지만 잠깐만요. 노파심에 하는 말인데, 그 로봇, 우주에서 오는 전파에 대한 대책은 마련되어 있나요? 행사장에 몰래 잠입한 국제 테러 조직이 그 군사용 로봇을 해킹해서 의도적으로 폭주를 일으킨다면 어떻게 해야 합니까? 돈으로 매수된 엔지니어가 시스템에 몰래 바이러스를 심어 놓지 않았는지 확인했나요? 로봇에게 자아가 생기진 않았습니까? 허공을 떠도는 흉악 범죄자의 악령이 우연히 로봇에 빙의할 확률은 고려했나요? 너무 나갔다고요? – by 지적인 해트

영화의 클리셰를 즐겁게 바라보는 법

영화를 비롯한 각종 장르 작품을 살펴보면 '패턴'을 쉽게 찾을 수 있습니다. 특히 이야기 전개가 뻔할수록 황금비처럼 특정한 규칙이 있어서 전개를 예측하기 쉬워지죠. 직업상 연간 1,000편 이상 영화를 보는데 보면 볼수록 머릿속 데이터베이스가 패턴화됩니다. 여러분도 마찬가지겠죠? 자, 영화 속의 클리셰를 쉽게 간파해 내는 여러분에게 영화를 즐겁게 보는 방법을 소개할게요. ① 안 보던 장르의 작품에 도전하면 뇌를 쉽게 리셋할 수 있습니다. 지금은 스트리밍 서비스 전성기이니 인기 키워드를 찾아 일단 시청해 보세요. 의외의 명작을 발견할 수도 있어요. ② 예고편 같은 사전 정보는 인풋을 줄이는 게 좋습니다. 저 캐릭터는 주인공을 감싸다가 죽을 것 같아……라는 생각이 들면, 그 자체가 플래그가 되기도 하거든요. ③ 예상에서 벗어났다면 감독과 각본가에게 진심으로 환호를 보냅시다! 영화를 많이 보면 참신한 전개를 만나도 '흠, 예상에서 벗어나긴 했지만 전개로 따지면 60점 정도……' 하고 프로 비평가처럼 굴게 됩니다. 반전을 솔직하게 기뻐하면, 영화를 많이 보지 않았던 시절의 자기 자신으로 돌아갈 수 있습니다. 저도 영화를 5,000편 이상 본 후에야, 배배 꼬인 마음으로 보면 영화를 본질적으로 즐기지 못한다는 사실을 깨달았습니다. ④ 이야기가 어떻게 전개되더라도 너그러운 시선으로 지켜보는 태도가 중요합니다. 재미없는 작품을 만나면 화가 나서 "이건 ○○의 아류작이다" 같은 식으로 흠을 잡고 싶어지죠. 그러나 이 세상에 혹평을 받으려고 영화를 찍는 영화감독은 없습니다. 설령 시작하고 15분 만에 남은 전개를 전부 짐작했더라도 뜻밖의 반전에 환호를 보내는 마음가짐이 중요합니다. 인생 영화를 만나려면 어쩔 수 없이 많은 영화를 봐야 하죠. 영화의 별점이나 수상 여부에 얽매이지 말고 나만의 명작을 찾아보세요.

Chapter 4

호러

HORROR

⚑ 예고된 죽음의 순간 04

데스 게임을 설명하는 중에 듣지 않고 떠드는 사람

오래된 저택으로 도망치는 그룹

이쯤 되면 저택에 들어가는 사람이 바보입니다. 〈샤이닝〉〈싸이코〉〈마리안의 욕망〉〈레지던트 이블〉〈컨저링〉 등. 영화 배경을 설정할 때 오래된 저택은 특히 호러 장르에서 손꼽히는 위험 장소입니다. 그런데도 사전 준비 없이 들어가다니 주인공들은 위기의식이 부족하다는 소리를 들어도 할 말이 없어요. 호러 장르에서는 비가 오더라도, 번개가 치더라도, 설령 곰이 쫓아오더라도 저택으로 도망치면 안 됩니다. 다만 이 플래그를 처음부터 비튼 명작 드라마도 있습니다. 일본의유명 각본가인 미타니 코키의 〈후루하타 닌자부로〉 제1화. 우연히 어떤 저택에 들어가게 된 후루하타가 방에서 벌어진 사고를 살인 사건으로 판단하고 탁월한 추리력으로 범인을 몰아붙입니다. 초반부터 뻔한 전개를 배신하고 시청자에게 도전하는 구성은 감탄의 연속이죠.

하나도 안 귀여운 인형을 사 오는 가족

우리 엄마 아빠는 왜 내 마음을 몰라줄까? 인형 하나만 해도 플라스틱 공룡 인형도 있고 조립식 로봇도 있고 유행하는 마스코트 인형도 있고, 종류가 차고 넘치잖아. 그런데 왜 하필이면 저렇게 표정이 리얼하고 저주받은 것 같은 인형을 골라서 사 오느냐고. 게다가 인형이 제멋대로 집 안을 돌아다니는 것 같아. 부모님한테 말해도 도무지 믿어 주질 않아! 자, 이 아이의 부모 중 자식의 말을 더 무시하는 쪽은 죽습니다. 그런데 잘 따져 보면 '아무것도 모르는 이웃이 사건에 말려들어 인형에게 살해당할' 가능성이 훨씬 더 커요. 만약 주변에 괴이한 인형을 사 모으는 가족이 산다면 그 이웃들은 주의해야겠죠? -by 지적인 해트

천장에서 떨어진 액체를
처음 인지한 사람

어깨에 떨어진 액체가 단순한 물인지 괴물의 타액인지 아니면 미지의 물질인지는 모릅니다. 다만 뭐가 됐더라도 천장에서 흘러내린 그 액체는 십중팔구 비위생적이고 불길할 거예요. 그래서 처음 액체에 맞은 등장인물은 죽습니다. 머리 위에 조용히 숨어 있던 괴물에게 순식간에 잡아먹히거나, 강한 산성을 지닌 그 액체 때문에 온몸이 녹아내려서 죽죠. 그런 식으로 죽고 싶지 않다면 머리 위를 포함해 주변 경계를 항상 게을리하지 말아야겠죠. 그런 액체는 '미지의 생물이 사는 둥지를 탐색하며 걸을 때나 갑자기 멈춰 서서 토론할 때' 특히 잘 떨어집니다. -by 지적인 해트

사당을 파괴하는
건축 현장의 감독

　　오만불손한 인간은 응보를 받습니다. 호러나 스릴러 영화가 가르쳐 주는 인생 교훈이죠. 같은 맥락으로 조상을 공경하지 않는 인간은 반드시 죽는다고 정해져 있습니다. 좋은 예시가 사당을 파괴한 현장 감독이죠. 동네 노인들이나 아이들이 "토지신이 계시는 곳이에요!"라고 항의해도 "시대가 달라졌어! 토지신은 무슨!"이라며 공사를 밀어붙입니다. 심지어 사당을 발로 걷어차거나 침을 뱉기까지 하죠. 그러면 당연히 조상신이 노하시고 저주가 시작됩니다. 이렇게 생각하면 현실파인 것 자체가 의외로 사망 플래그일지도요? 아무튼 분노한 신께서 음산한 배경음악과 함께 직접 처리하러 오실 겁니다. -by SYO

일인칭시점으로
쫓겨 다니는 사람

　　호러의 상징이라고도 할 수 있는, 쫓아가는 인물의 시점으로 그려지는 추격 장면. 스테디 캠(카메라를 들고 촬영할 때 흔들리지 않게 신체에 부착하는 특수 장비 – 옮긴이)을 활용해 스릴 넘치게 찍힌 화면은 추격자의 붙잡으려는 욕망과 도주자의 달아나려는 긴박감이 폭발하는 명장면이죠. 이 카메라 움직임은 〈록키〉나 〈스타워즈〉, 〈샤이닝〉에서 인상적으로 사용됐습니다. 실제 촬영감독의 말에 따르면 "좋은 장면을 촬영할 수 있지만, 카메라 중량을 허리나 팔로 감당해야 해서 장시간 촬영할 때는 파스가 꼭 필요하다. 허리를 삔 채 달리는 사람도 있다"라고 하네요. 추격자의 앵글 밖으로 도망쳤다고 생각해 멈춰 서거나 돌아보면 대부분 끝장입니다. 일인칭시점으로 전환되면 죽을힘을 다해 달릴 수밖에요.

사망 플래그
046

문을 두드려도
대답이 없는 사람

살짝 어둑어둑한 복도. 유난히 중후한 문. 그리고 대답 없는 상대. 이렇게 삼박자가 갖춰지면 방 안에 있는 인물의 목숨은 바람 앞의 등불이나 마찬가지예요. 여기에 더해 방에서 무슨 소리가 들리기라도 하면 확정적으로 끝장입니다. 방에 있는 사람은 틀림없이 죽은 채로 발견될 거예요. 그런데 양지역학에 따르면 시체를 발견할 때까지 해당 인물은 아직 사망하지 않은 셈입니다. 설령 "사람 살려! 누가 좀 도와줘요!"라는 비명이 들린 후 무음이 되었더라도요. 주인공이 문을 열지 않고 엔딩까지 가 버리면 해당 인물이 죽었는지 확인할 방법은 없습니다. 미국 드라마는 이런 연출법을 즐겨 사용해서 '클리프행어'라는 이름까지 붙었습니다.

80

생사를 밝히지 않는 수법은 '다음 시즌도 봐야겠어! 기대된다!'라는 생각을 유도하지만, 시청률이 낮으면 그대로 끝이겠죠. 잔뜩 사건을 벌여 놓고 종료해 버리니까 양날의 검인 기법이에요. 혹평을 받은 영화 〈데빌맨〉이나 〈죠죠의 기묘한 모험〉 실사판은 그나마 완결을 냈지만, 이 세상에는 속편이 깜깜무소식에 기약조차 없는 슬픈 콘텐츠가 수없이 많습니다. 〈스파이더맨 4〉, 〈악몽 2〉, 〈데어데블 2〉, 〈트론 3〉, 〈판타스틱 4〉(리부트 속편), 〈월드워Z 2〉, 애니메이션 〈팬티&스타킹 with 가터벨트 2〉, 〈도로로 2〉, 〈산카레아 2〉, 〈드래곤볼 에볼루션 2(※꼭 보고 싶은 건 아님)〉 등 꼽으려면 끝이 없네요. 요즘은 리부트나 리메이크로 부활할 가능성이 아예 없는 건 아니지만요…….

사망 플래그 047

기묘한 것이 있는 방에 이사를 와버린 사람

냉장고나 에어컨, 텔레비전이나 가구 등 이사할 때 전 입주자가 두고 간 물건을 받으면 새로 사지 않아도 되죠. 새집 생활에 앞서 돈을 절약했다고 기뻐하지만 그런 물건이 반드시 좋지만은 않아요. 수수께끼 인형, 주술에 썼을 것 같은 항아리, 정체 모를 장식품 등 전 주인이 남기고 간 사연이 깃든 물건들은 주인공의 새로운 생활에 반드시 어두운 그림자를 드리웁니다. 절망과 슬픔의 소용돌이에 휩싸이고 싶지 않다면 얼른 다른 데로 이사하거나 물건을 버려야 합니다. 아니면 인터넷에 '저주의 아이템! 100원'이라고 올려서 파는 것도 의외의 전개가 되겠네요. 단, '버려도 다시 돌아오는' 물건이라면 이것 역시 사망 플래그가 세워진 것입니다.

데스 게임을 설명하는 중에
듣지 않고 떠드는 사람

　　사망 플래그를 설명하기 전에 미리 말해두겠는데요. 다른 사람이 말하는
도중에 갑자기 소리를 질러 말을 막으면 안 됩니다. 목숨이 걸린 게임 규칙을 설명
하는데 떠들다니, 한 치 앞을 모르는 어리석은 사람이죠. 데스 게임의 주최자, 즉
게임 마스터의 입장에서 한번 생각해 보세요. 이벤트장에 모인 모두를 위해 모처
럼 수고스럽게 각종 취향을 담아 준비한 게임을 설명하고 있잖아요. 그런데 꺅꺅
비명을 지르며 게임을 거부하는 사람이 있으면 화가 나지 않겠어요? 아주 드물게
'그런 식으로 게임 전에 퇴장한 인물이 사실은 안 죽었고, 심지어 참가자를 뒤에서
조종하는 진짜 흑막이었다'라는 패턴도 있지만, 데스 게임을 설명할 때 듣지 않는
자는 대체로 죽습니다. -by 지적인 해트

소리의 정체가 익숙한 동물임을 깨닫고
마음을 놓는 사람

한밤중의 숲속, 정전된 사무실 안, 폐허나 마찬가지인 거리. 그때 정적을
깨는 바스락하는 소리가 들리면 그때까지 태평하게 팝콘을 먹던 관객의 손도 멈
춥니다. 호러 영화에 빠지지 않는 아주 전형적인 클리셰죠. 도망가면 될 텐데 등
장인물은 꼭 소리가 난 방향을 확인하러 갑니다. 롤러코스터로 예를 들면 첫 번
째 언덕을 올라가는 상황이 최초의 정적입니다. 불길한 소리는 예상치 못한 높
이감에 두근거리기 시작하는 지점. 그리고 소리의 정체를 확인하러 갔더니 다람
쥐나 고양이가 나와 안심한 순간이 낙하 직전. 곧이어 풀숲에서 진짜 살인마가
튀어나오고 롤러코스터는 전속력으로 낙하합니다.

　정적과 갑작스러운 등장의 조합, 놀랄 수밖에 없는 이 기막힌 타이밍은 정말이
지 심장에 무리가 가요! 뻔히 알면서도 신기하게 놀라는 것, 이게 바로 호러 영화
에 필수적인 요소죠. 다만 반대로 말하면, 일단 이 플래그가 서면 아무 일도 생기
지 않고 끝낼 수 없습니다. 그래서 등장인물의 생존 플래그를 세우기 위해 소리를
확인하러 가던 찰나 주의를 끄는 다른 일이 생기는 경우도 많습니다. 참고로 표정
이 풍부한 배우는 감독이 100%의 확률로 죽입니다.

거울 앞에서 이변을 깨닫는 사람

호러 영화에서 거울은 참 존재감 있는 소품입니다. 등 뒤에서 다가오는 살인마처럼 등장인물에게 작용하는 액션과 등장인물의 리액션을 동시에 비춰 주는 '거울'은 창작자에 따라 최고의 아이템이 됩니다. 거울을 들여다보는 주인공. 문득 뭔가 비친 것 같은데 돌아봐도 아무것도 없죠. '기분 탓인가?' 다시 한번 거울을 보는데 거기에 칼을 든 남자가! 또한 약을 보관하는 거울 캐비닛도 호러 영화의 소품으로 자주 사용됩니다. 거울을 열어 약을 꺼내고 닫으면 욕실 안에 이미 살인마가! 거울을 닫는 순간이나 거울로 시선을 준 다음이 가장 위험해요. 영화 속에서 '거울'은 종종 창작자의 살의를 비춰 주는 거울이 되기도 합니다. ㅡby 차이치로

꺼림직한 손님을 태운 택시 운전사

매일 수많은 손님을 목적지까지 데려다주는 택시 운전사. 교통 체증을 미리 파악해 여기저기 지름길을 이용하며 최단 시간 내에 도착하는 것을 자랑으로 여기는 베테랑입니다. 그런데 지금 뒷좌석에 태운 사람은 어딘지 꺼림직한 손님이네요. 목적지를 말한 뒤 고개를 푹 숙이고 있어요. 룸미러로 힐끔 봐도 얼굴이 또렷하게 보이지 않습니다. 오랜 경험에서 위험 신호가 반짝이지만, 이미 출발했으니까 도망칠 수도 없죠. 이제 살아남을 방법은 단 한 가지. 노래를 틀고 후다닥 액셀을 밟아 목적지까지 돌진하는 겁니다. 참고로 운전사가 이상해 보인다면 반대로 승객의 사망 플래그예요.

야간 경비원

　　'야간 경비원이 무서워하는 호러는 정말로 무서운 호러다.' 이런 말이 있을 정도로 실제 경비원은 영화나 소설에서 나올 법한 신비로운 체험을 많이 한대요. 영적 감수성이 전혀 없는 사람이라도 호러 영화에 뒤지지 않을 만큼 유령을 많이 본다고 하는군요. 현실에서 경비원은 용감무쌍하게 우리의 안전을 지켜주지만, 영화 속에서는 공포에 휩싸인 첫 번째 목격자가 되어 대부분 비참하게 살해당합니다. 뭔가 발견하는 것에서 그치면 그나마 나은데, 등 뒤에서 습격을 받아 도와달라고 외치지도 못하고 살해당하기도 하죠. 참고로 게으름을 피운 덕분에

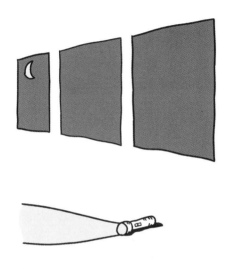

원혼을 목격하지 않아 무사했던 영화 〈검은 물 밑에서〉 속 관리인이나, 야간 경비원이 오히려 사람을 죽이는 살인마였던 영화 〈지옥의 경비원〉 같은 패턴도 있습니다. 현대사회의 안전을 위해 없어서는 안 될 직업이지만, 영화에서는 어느 쪽이든 쉽지 않은 극한 직업이네요. -by 차이치로

사망 플래그 진단 테스트

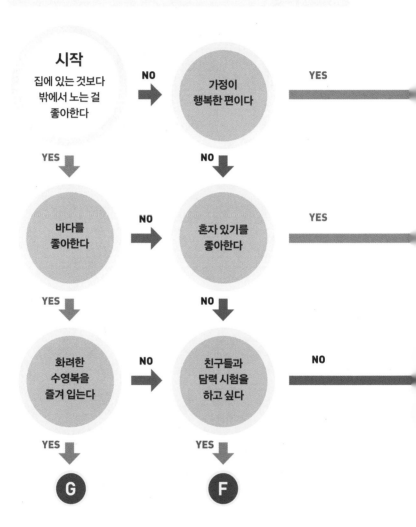

시작
집에 있는 것보다
밖에서 노는 걸
좋아한다

NO → 가정이 행복한 편이다 → YES

YES ↓

바다를 좋아한다 NO → 혼자 있기를 좋아한다 → YES

YES ↓   NO ↓

화려한 수영복을 즐겨 입는다 NO → 친구들과 담력 시험을 하고 싶다 → NO

YES ↓   YES ↓

G   **F**

세계 유일 사망 플래그 진단 테스트

YES/NO로 대답하면 사망할지 살아남을지 알아볼 수 있습니다.

과연 당신은 영화 속 등장인물이 됐을 때 해피 엔딩을 맞이할 수 있을까요?

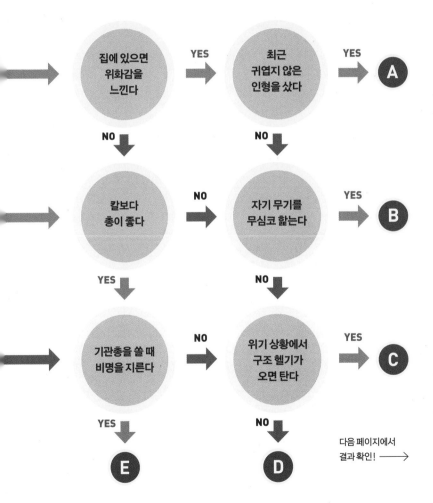

다음 페이지에서
결과 확인! ⟶

결과

A **죽습니다.** 저주받은 인형에게 배를 갈려 죽겠네요. 괴짜처럼 이상한 인형을 사지 말고 헬로키티나 곰돌이 푸 같은 인형을 사세요.

B **죽습니다.** 인생을 쉽게 생각하는 당신. 근육질 주인공에게 목이 꺾여 죽겠네요. 나이프를 핥을 때가 아니에요. 상대방 구두라도 핥아 주면 살 수 있을지도요?

C **죽습니다.** 안심하고 이륙하자마자 곧바로 격추당해 죽겠군요. 위기 상황이어도 헬기에 의존하지 말고 자기 힘으로 하산하세요.

D **죽습니다.** 모처럼 구조하러 온 헬기를 거부하는 비뚤어진 사람은 뭘 해도 죽죠. 사망 플래그를 너무 공부하셨네요. 가끔은 순수해지자고요.

E **죽습니다.** 마구 쏘다가 총알이 떨어져서 철컥거리는 순간 죽겠군요. 아무리 총성이 시끄러워도 입을 꼭 다물고 사격합시다.

F **죽습니다.** 아마 전원 죽겠네요. 물론 혼자 있어도 죽고요. 담력 시험을 굳이 꼭 하고 싶다면 영매 면허라도 딴 뒤에 하세요.

G **죽습니다.** 상어나 정체 모를 몬스터에 붙잡혀 바다 깊은 곳까지 끌려가 죽습니다. 중학생 시절에 입던 수영복이나 해녀 의상을 입고 헤엄치세요.

Chapter 5

대결

BATTLE

⌐ **예고된 죽음의 순간 05**

자기 무기를 핥는 사람

자기 무기를 핥는 사람

날름~

　　이런 캐릭터가 있다니 참 기가 막히지만, 영화에는 손에 들고 있는 나이프를 할짝할짝 핥는 캐릭터가 꼭 있습니다. 칼날에 묻은 피나 얼룩이 보기 싫으면 혀가 아니라 수건으로 닦으면 될 텐데요. 침에 함유된 잡균을 발라서 일종의 독 나이프를 만들 생각이 아니라면, 그냥 껌이나 씹는 게 어떨까요? 심지어 적이 눈앞에 있는데 자신만만한 표정으로 여유롭게 무기나 핥고 있다니, 명백한 사망 플래그입니다. 무기를 핥는 행동은 혐오스러울뿐더러 상대의 실력이나 전쟁터의 공포를 우습게 보는 거예요. 앞서 버터플라이 나이프를 짤각거리는 사람을 변주한 캐릭터라고 할 수 있습니다. -by 지적인 해트

과격파 상사에게 의견을 말하는 사람

      대결의 세계는 수직적 상하 관계로 성립됩니다. 특히 피비린내 나는 전쟁터에서 상사의 명령은 절대적이죠. 명령을 듣고 감정적인 이유로 망설이거나 거역하는 부하는 부대 전체의 사기를 떨어뜨리고 혼란을 초래합니다. 그러나 아무리 순종적인 사람이라도 압력이 누적되다 보면 언젠가는 '한마디라도 좋으니 항의하고 싶어'라고 생각하는 날이 올지도 모릅니다. 그럴 때 어떤 식으로 반발할지는 캐릭터마다 다르겠지만 "대통령이고 뭐고 알 거 없다. 내 독단으로 허가하겠어"라고 말하는 현장 제일주의자 상사라면, 웬만하면 말대꾸하지 않는 게 좋을 것입니다. 대부분 본보기 삼아 죽이고 "시체를 정리해라"라고 무표정한 얼굴로 명령할 테니까요. 그보다는 타이밍을 재다가 때가 오면 배신하는 편이 현명한 생존 플래그가 되겠지요. -by 지적인 해트

깨진 액자 속 사진에
찍힌 사람

사진에 찍힌 여러 캐릭터. 미인과 터프해 보이는 남자. 이런 사진을 보면 어떤 생각이 드세요? 영화를 좀 본 사람은 알 거예요. 둘 중 하나는(호러나 미스터리라면 둘 다) 아마도 이미 죽었을 겁니다. 영화에서는 보통 플래시백으로 그들의 연애사를 보여 줍니다. 그들이 어떻게 만났고 얼마나 사랑했는지 그럴싸한 분위기로 소개하죠. 그러다가 사건에 휘말려 망자가 되는 것을 보여 줍니다. 미스터리라면, 이 사진 뒤에 비밀 메시지가 적혀 있고 이것이 범인을 추적하는 첫 번째 힌트가 되기도 해요. 아니면 "여기 알아. ○○역이야!"라고 외치며 사진 속의 장소로 등장인물을 움직이게 하는 단서가 되기도 하죠.

필살기를 한 번 버텼다고
방심한 사람

필살기를 지닌 주인공 격투사와 힘센 마족이 사투를 벌이는 중이라고 해
보죠. 이때 마족은 이미 격투사의 필살기를 간파해 냈거나 무시무시한 방어력으
로 막아낸 전적이 있더라도 절대 방심해서는 안 됩니다. 특히 주인공이 통하지 않
았던 필살기를 굳이 한 번 더, 그것도 막다른 순간에 썼다면 '궁지에 몰린 쥐'라고
깔보면 절대 안 돼죠. 왜냐하면 그는 분명히 '전투 도중 성장'했거나 '여기서 질 수
없다는 뜨거운 열정 부스터'로 출력을 높였기 때문입니다. 어쨌든 주인공을 상대
하는 대결 캐릭터는 예기치 못한 기술을 정통으로 맞아 패배할 것을 언제나 각오
해 두는 편이 좋습니다. -by 지적인 해트

시합 전에 상대를
얕잡아 보는 사람

프로레슬링, 유도, 축구, 복싱. 스포츠 영화에서는 시합 전에 '반드시'라고 해도 좋을 정도로 속 뒤집는 소리를 하는 상대 팀이 등장합니다. 체격을 무시하고, 이름을 무시하고, 출신지를 무시하고, 인종을 무시합니다(이건 요즘 많이 줄었죠). 무시하는 방법도 다양한데, 그게 자기 승리로 이어지는 경우는 거의 없어요. 오히려 상대의 분노를 부채질해 숨은 잠재력을 끌어내는 패턴이 많아요. '상대를 자극해서 진정한 대결을 벌이고 싶은' 스포츠맨십에서 나온 행동이라고 변명할 수도 있지만 어쨌든 패배 플래그가 확실하게 서는 행동입니다. 참고로 잔챙이로 보이는 캐릭터나 궁지에 몰린 캐릭터가 최강 캐릭터를 무시하는 발언을 한다면 의외로 역전의 승리 플래그가 될 수도 있습니다.

결전 전에 사랑에 빠지는 사람

최종 결전을 앞두고 꼭 전하고 싶은 마음이 있다! 졸업식 직전에 고백하려는 중학생 같은 심정입니다. 그러나 영화라면 '왜 지금? 이 타이밍에?'라고 생각하는 관객들이 많을 거예요. 아니, 두 사람이 사랑에 빠졌다는 묘사도 없었거니와 만약 좋아했다면 더 빨리 말할 기회가 있었는데 왜 하필 최종 결전 전에 그러는 건지…… 사실 액션 영화에서 설득력 있는 연애 과정을 그리려면 2시간으로는 부족합니다. 전투 중에 만난 인연, 역경을 아슬아슬하게 극복할 때마다 생기는 상대에 대한 애틋함. 그런 장면을 상영 시간 문제로 전부 편집하기 때문에 수수께끼의 '갑자기 사랑에 빠진 사람'이 생겨납니다. 그러니 아무런 복선이 없는 고백을 하고 그 고백을 받아들이는 사람들이 존재해도 대결 영화에서는 어쩔 수 없어요.

사랑하는 사람의 고백만큼 최종 결전에서 전투 의욕을 고취시키는 것도 없으니까요.

　또한 관객들에게 절대 지면 안 될 싸움이라는 인상을 주고 싶을 때 '사랑하는 사람과 함께 싸운다'라는 장치가 큰 의미를 지닙니다. 그런데 여기서 '둘 다 살아남으면 사귄다'라는 약속을 한다면, 사망 플래그가 세워지며 최소 둘 중 한 명은 죽습니다. 고백을 거절했다면, 고백한 쪽이 거절한 쪽을 구하고 죽는 패턴이 많아요. 어느 쪽이든 사랑하는 사람의 죽음은 엄청난 힘을 끌어낼 때 쓰는 지독한 장치예요. 어쨌든 좋아하는 사람과 함께 해피 엔딩을 맞이하고 싶다면 최종 결전 전의 고백은 제발 피해야겠죠?

편지를 동료에게
맡기는 사람

당연하지만 아무도 죽지 않는 전쟁 영화는 없어요. '전쟁 영화 제작법'이라는 매뉴얼이 있다면, 결전 전이나 임무 도중에 동료에게 편지를 건네는 장면은 '반드시 들어가야 할 35선'에 해당할 거예요. 편지를 맡기는 사람은 대부분 마지막 장면 전후에 세상을 뜨는데, 편지 자체가 행방불명되는 일은 웬만해선 없습니다. 안 죽는 게 최고겠지만, 편지가 있을 때와 없을 때 유족이 느끼는 감정은 크게 달라지겠죠. 과거에는 인편을 통해 편지를 전달할 수밖에 없었기에 사라진 목숨이 이어지는 듯한 느낌도 주니까요. 또한 인식표나 연대 사진은 편지와 함께 관객들의 감정을 끌어올리는 소품으로 활약할 수 있습니다.

거물 뒷배경에 의지하는 사람

── 졸개가 가장 꼴불견인 장면. 바로 제멋대로 날뛰어 놓고서 막상 죽을 것 같으면 보스의 이름을 방패 삼아 목숨을 구걸하는 장면입니다. 마찬가지로 목숨을 구걸할 때 쓰는 뻔한 말인 "반성합니다" "중요한 정보를 알려드릴게요" 같은 대사가 있으면 사망률이 현저히 올라가죠(그런데 '중요한 정보를 알려 준 경우'는 보스에게 살해당할 확률이 높아집니다). 심지어 실실 웃기까지 한다면 사망률은 더 높아집니다. 아무리 졸개라도 마지막까지 절개를 지키면 좋겠지만 그 정도도 못 지키는 삼류 졸개에겐 살아남을 길이 없어요. 현실에서 예를 찾자면, 연예인이나 유명인과 사이가 좋다고 떠벌리는 사람들이 이런 캐릭터에 해당하겠군요. 이 세상은 언제나 실력 승부. 보스에게 의지하는 졸개는 보스에게 처분되고, 유명인의 이름을 대며 호가호위하는 인간은 결국 버림받습니다.

패배한 척하며
뒤통수를 치는 사람

> 그래…
> 내가
> 졌다….

만약 등장인물이 유명한 무도인이거나 갱이거나 목숨을 건 전투 상황에 놓인 자라면 정말 근소한 차로 패하는 경우가 있을 거예요. 실력 차를 잘못 생각해서 대적할 수 없는 상대와 싸우다가 흠씬 얻어맞는 상황도 있겠고요. 나아가 자신을 쓰러뜨린 상대의 온정에 기대 목숨을 구걸해야 하는 굴욕적인 처지가 될 수도 있습니다. 그런데 대전 상대가 봐준다고 해서 "으하하, 멍청한 놈!" 같은 소리를 내뱉으며 이때다, 하고 적의 등을 노리고 달려드는 캐릭터가 꼭 있습니다. 그때, 대전 상대는 99% 경계를 거두지 않은 상태예요. 즉시 뒤를 돌아 사악한 선택을 한 인물을 요격해 이번에야말로 철저히 쓰러뜨릴 겁니다.

그런데 간혹 이런 반격이 성공하기도 해요. '과거 에피소드'나 '회상 신'에서 드물게 찾아볼 수 있죠. 그러나 그런 상황에서도 대부분 몇 년 후에 원수를 갚으려는 자가 나타나 결국 죽게 됩니다. 꼴사나운 기습이 아니라, 순간의 굴욕을 가슴에 품고 오뚝이처럼 일어나 재도전하기 위해 수행에 몰두하는 캐릭터야말로 대결 장면의 백미입니다. 몇 년간 성실하게 단련했다면, 재등장했을 때 '한층 발전한 자'로서 더욱 강렬한 존재감을 내뿜을 수 있겠죠. -by 지적인 해트

유난히 뜸 들이며 죽이려는 사람

곧바로 타깃을 죽이면 될 텐데 유난히 뜸을 들이고 들이고 또 들이는 사람이 있어요……. 마치 원고 글자 수를 늘려야 한다는 듯이…… 이렇게 부자연스럽게 간격을 두고…… 지겹도록 긴장감을 연출해…… 결론까지 질질 끌고 가는…… 화가 치밀 정도로 지나치게 뜸을 들이는 사람……. 도대체 그는 왜…… 겁에 질린 무력한 피해자를…… 처리하지 않는 걸까요……. 절대적인 우위성을 만끽해야 직성이 풀리는 사디스트일지도 모르죠……. 필살기 게이지를 그 자리에서 충전하는 거라고…… 생각해 볼 수 있겠고요……. 지연 행위로 대전 상대를 정

신적으로 괴롭히려는 노림수일지도 몰라요…….

어느 쪽이든 이런 극한 상태는…… 오래 끌면 오래 끌수록…… 그 자체로 사망 플래그가 되어 파국을 맞기 쉽다는 것을…… 미리 알아 두길 바랍니다……. 너무 길게…… 죽이기 전까지 뜸을 들이면…… 타이밍을 놓친 그때…… 결국 갑자기 침입한 제삼자의 방해를 받아 죽을 거예요. 구체적으로는 '어느새 등 뒤에 선 강렬한 여성'이 정확히 머리를 겨냥해 총을 쏘는 패턴이 많습니다. 혹은 '갑자기 벽을 부수고 난입한 대형차가 당신을 무참하게 쓸어버리는' 상황도 있고요. 물론 이때는 뜸 들이지 않고 한 방에 갑니다. 그러니 "남길 말이 있나?" 같은 소리를 귓가에 속삭이지 말고 냉큼 그 타깃을 처리하세요. 알겠죠? –by 지적인 해트

결전을 앞두고
훈훈한 가족 이야기를 하는 사람

보고, 공유, 상담은 사회인의 기본이죠. 그러나 이 타이밍에 할 건 아닌데 싶을 때가 종종 있습니다. 결전을 앞두고 잠깐 쉬는 사이, 죽을 가능성을 염두에 두고 가족 이야기를 하고 싶은 마음은 이해해요. 사랑하는 사람들의 얼굴이 떠오르는 상황이죠. 하지만 그 이야기를 꼭 지금 해야 할까요? 악당을 쓰러뜨린 후나 승리의 여운에 잠겼을 때나 모국으로 돌아가는 길에 얘기해도 늦지 않잖아요. 향수병에 걸리기에는 너무 나쁜 타이밍에 가족 자랑을 하고 싶어하는 인물. 당신의 사망 플래그가 세워졌습니다. 전쟁은 곧 끝날 겁니다! 가족 이야기를 할 여유가 있다면 체력을 아껴 승리에 공헌하세요!

누가 봐도 위험한 인간인데
치근거리는 사람

술에 취해 흥분해서 대담해지는 것은 어쩔 수 없습니다. 그러나 '내가 최강이다!'라고 착각하거나 '뭐야, 뭔데?'하고 참견하는 구경꾼에게는 위험한 플래그가 섭니다. 딱 봐도 위험한 사람인데 치근거리며 주먹으로 치거나 어깨동무를 하면, 다음 순간 신체 부위가 말도 안 되는 방향으로 꺾이거나 손이 감쪽같이 사라질 거예요. 참고로 이런 장면의 모티프가 된 영화는 〈터미네이터〉인데, 사실 바에서 벌어지는 인상적인 장면은 〈터미네이터 2〉에 나옵니다. 매번 알몸으로 등장해 옷을 확보해야 하는 터미네이터. 그나마 〈터미네이터 3〉는 큰 문제없이 희생자도 적게 내며 옷을 획득하는데, 선글라스가 촌스러워서 재밌습니다. 그리고 보니 터미네이터 첫 편에 설정된 미래까지 앞으로 10년쯤 남았네요. 이 책을 읽는 독자는 부디 스카이넷을 파괴해 주시기를.

필살기끼리 격돌한 후
연기를 뚫고 먼저 나오는 사람

　　　반드시 죽이는 기술, 필살기. 자웅을 겨루는 순간 가장 멋진 것은 누가 뭐
래도 필살기입니다. 주인공은 물론이고 상대방인 라이벌이나 보스도 반드시 그
에 필적하는 강력한 기술을 가지고 있죠. 필살기끼리 격돌하면 충격파로 모래바
람이 두 사람의 모습을 뒤덮고 지켜보는 사람들은 마른침을 삼키며 결과를 기다
리죠. 점점 걷히는 연기 너머로 라스트 스탠딩(한 사람만 서 있는 것)한 자는 누구인
가…… 이런 흐름이 전형적입니다. 만약 적이 서 있다면 적의 사망 플래그예요.
전형적인 클리셰는 다음 두 가지입니다. ① 서 있던 적이 쓰러지고, 그 너머에 쓰
러져 있던 주인공이 엉망진창인 상태로 일어납니다. ② 적이 쓰러지고, 그 너머에

주인공이 무기를 푹 늘어뜨린 자세로 서 있습니다. 어느 쪽이든 최강의 적을 쓰러뜨린 카타르시스가 넘치는 감동적인 장면입니다. 그런데 이 사망 플래그는 최종 결전인지 아닌지에 따라 전개가 크게 달라져요. 이야기가 끝나가는 상황에서 벌어진 결전이라면 적의 사망 플래그일 확률이 거의 100%. 그런데 이야기 중반에 주인공이 필살기를 쓰며 전투를 벌이다가 새롭게 등장한 수수께끼의 적과 싸우는 전개라면, 주인공의 패배 플래그(죽지는 않는다)가 될 가능성이 큽니다. 이때 적이 내뱉는 뻔한 대사가 "흥, 겨우 이 정도냐"이죠. 만약 결전 상대가 정체를 숨긴 스승이라면, 주인공은 게을러진 자신을 깨닫고 수행에 들어가므로 '수행 플래그'가 됩니다.

Chapter 6

패닉

PANIC

⌐ 예고된 죽음의 순간 06

최전선에서 생중계하는 리포터

크루저를 탄 파티피플

사실 몬스터 영화와 크루저를 탄 파티피플은 맥주와 치킨처럼 잘 어울립니다. 영화에 등장하는 상어, 피라냐, 수중 생물은 바다에 나와서 크루저를 탄 파티피플을 찾아 먹어 치웁니다. 여기에 더해 젖은 티셔츠 대회를 한다거나 수영복을 벗어 던지고 노는 여성들이 있다면 피투성이의 향연 블러디 페스티벌의 막이 오른 겁니다. 마치 아사 직전에 뷔페에 들어간 사람처럼 상어는 정신없이 그들을 먹어 치우죠. 부들부들한 인간은 상어에게는 군침 도는 먹이입니다. 새하얀 선박이 새빨갛게 물들 때까지 파티는 끝나지 않습니다. '사적인 파티'가 금지된 포스트 코로나 시대, 상어가 좋아하는 파티피플은 자취를 감췄지만 파티피플을 소재로 한 영화는 계속 만들어질 것입니다. 파티피플은 바다의 활기니까요. - by 차이치로

과도한 동물 사냥을 즐기는
유명인

사냥은 어느 시대나 저명인사들의 취미였습니다. 수렵은 원래 생계를 위한 행위였으나 이제는 사냥 과정 자체가 저명인사 특유의 오락거리가 되었어요. 사냥에도 암묵적인 규칙이 있습니다. '생명을 존중한다.' '과도하게 잡지 않는다.' '잡은 동물을 함부로 다루지 않는다.' 이것은 어느 나라에서나 지키는 살생의 규칙이죠. 그러나 영화 속 인물이 사냥의 불문율을 지키는 꼴을 못 봤어요. 자기가 하고 싶은 만큼 마음대로 사냥하고, 멸종 위기에 놓인 동물을 참혹하게 죽이고, 잡은 동물을 발로 짓밟고서 기념사진을 찍기까지……. 하지만 패닉물에서는 아무리 돈이 많고 성능 좋은 총을 가졌어도, 사냥하는 쪽은 순식간에 사냥당하는 쪽으로 바뀝니다. 사냥해도 괜찮은 사람은, 동물을 존중하는 동시에 언제든 사냥당할 각오가 되어 있는 사람뿐이겠죠?

호러나 패닉물은 기본적으로 과신하는 자에게 가차 없는 장르입니다. 그 대명사가 바로 바다에서 수영복을 입은 여자들입니다. 그들은 판에 찍어 놓은 듯 '아무 일 없을 거야'라는 알 수 없는 논리로 살아갑니다. 바다는 언뜻 보면 즐겁고 평온해도 사실은 위험이 가득하죠. 익사할 수도 있고, 파도에 휩쓸릴 수도 있어요. 최신 과학 기술로도 바다는 아직 미지의 영역인데, 패닉물의 주인공들은 왜 저렇게 속이 편할까요! 바다를 우습게 보면 죽는다고요! 아무리 충고해도 "왜 저래, 너무 웃겨!"라고 반응하는 여자들. 결국 사망 플래그가 서고 그들의 행복한 인생은 상어나 반인반어 요괴에 의해 무너집니다. 바닷속으로 끌려가는 장면을 볼 때마다 '이건 너무 뻔한 클리셰잖아……'라고 생각하게 돼요. –by SYO

담력 시험하는 불량 서클

불량 서클이라고 하면 마약과 술병을 손에 들고 아버지의 차로 빵빵거리며 다니는, 동네에서 유난히 활개 치는 학생들이 떠오릅니다. 그 학생 중에서도 담력 시험 중에 몰래 빠져나와 팔랑대며 다니는 남녀 커플이 있다면? 그들의 상세한 연애 사정은 아무래도 좋은데, 아마도 높은 확률로 죽을 겁니다. 괴물이나 악령 혹은 살인마, 뭐가 됐든 무섭고 강력한 힘을 지닌 존재가 그들을 그 불량 서클 일원과 함께 비틀어 죽일 거예요. -by 지적인 해트

전망 좋은 곳에서 연설하는 사람

연설 활동은 보통 사람이 잘 모이는 곳이나 드넓은 광장에서 하죠. 그런 뻥 뚫린 공간은 아무리 경호에 신경을 써도 암살 위험에 노출될 때가 많습니다. 사전에 암살 의혹이 있다는 정보가 들어와도 "당당한 정치가의 모습을 보여 줘야 하니 연설을 취소할 수는 없어!"라며 강행하는 상황도 많아요. 요즘은 하늘에서 요인을 노리는 드론 폭탄이나 세균병기 등 살상법도 매우 다양해졌어요. 참고로 영화를 볼 때 '카메라가 필요 이상으로 물러난다.' '연속해서 무의미하게 전후좌우 다른 컷이 제시된다.' '술집이나 거실 텔레비전으로 연설을 본다.' 같은 장면이 나온다면 사망 플래그가 확실하게 섰다고 단언할 수 있습니다.

최전선에서
생중계하는 리포터

리포터의 프로 의식에는 고개가 절로 숙어집니다. 출세욕에 눈이 멀었을지도 모르지만 거대 생물이나 천재지변으로 난장판인 최전선에 서서 생중계를 하는 인물. 웬만한 각오가 없으면 도저히 못할 직업이에요. 그러나 정말로 필요한 것은 프로 의식이 아니라 위기의식입니다. 상황 판단에 실패하면 리포터의 처지는 현장을 중계하는 관찰자에서 피해자로 급변할 테니까요. 화면 후방에서 갑자기 날아온 '무언가'가 리포터의 목숨을 앗아가 다음 날 조간신문의 한 면을 차지할 수도 있습니다. -by 지적인 해트

갑자기 신호가 끊긴
무전기 너머의 상대

90년대에 없어서는 안 될 존재였던 무전기. 요즘은 동시 통화가 가능하지만 초기 모델은 대부분 한쪽만 말할 수 있었어요. 패닉이나 호러, 형사물에서는 잔뜩 긴장한 상태로 정보를 수신하며 머릿속으로 온갖 상상력을 발휘하죠. 패닉물이라면 긴장감 조절이 중요하므로 몬스터나 악역 캐릭터를 전면에 노출시키지 않습니다. 무전기 너머로 비명이나 파괴음과 함께 언뜻 드러내는 정도죠. 물론 예고편이나 포스터 등 몬스터를 미리 알 수 있는 기회는 얼마든지 있습니다. 그러나 영화 속의 무전기는 상대의 전모를 파악하기 어렵게 만드는 장치로 정말 중요한 역할을 합니다. 100년 후 영화에서는 이를 어떤 식으로 다룰까요? 다른 기계가 등장할지 궁금하네요.

폭발한 검은 연기를
들여다보는 사람

물론 그러고 싶은 마음은 이해합니다. 폭발한 뒤에 솟아오른 검은 연기. 특히 모든 힘을 쥐어짜 필살기를 퍼부었거나 새로운 무기를 화려하게 터뜨렸을 때는 상대가 제대로 쓰러졌는지 당연히 확인하고 싶어집니다. 그러나 '이상하게 연기의 양이 많고 색도 진한데?'라는 생각이 들었다면 주의하세요. 틀림없이 공격이 전혀 먹히지 않았다는 신호이니까요. 하나도 안 다친 멀끔한 얼굴로 안에서 나온 상대가 "⋯⋯고작 이거냐?"라고 거들먹거리는 장면이 이어집니다. 참고로 검은 연기를 들여다봐도 안 되지만, 반대로 들여다보지도 않고 "내가 이겼어! 꼴 좋다!"라며 성급하게 기뻐하는 것도 문젭니다. 이번에는 살아 있는 상대에게 뒤를 찔려 죽거든요. –by 지적인 해트

클럽에서 춤추는
파티피플

　앞서도 살펴봤지만 파티피플은 기본적으로 죽습니다. 특히 클럽에서 신나게 춤추는 캐릭터는 개복치보다 쉽게 죽습니다. 영화감독들의 공통된 콤플렉스인지 뭔지, 파티하는 사람들을 벌주고 싶은 마음이 있나 봐요. 물론 클럽은 조명도 어둡고 소리가 너무 커서 무슨 일이 벌어지고 있어도 쉽게 깨닫지 못하죠. 도망치려는 사람들이 많아 앞뒤로 꽉 막히는 것도 어쩔 수 없고요. 파티피플 중에서 생존율이 높은 유일한 캐릭터는 남자 주인공의 옆집 누나 같은 캐릭터입니다. 똑똑하지만 사회성이 떨어지는 어수룩한 남자 주인공에게 여자와 거리감을 유지하는 법이나 서로 밀고 당기는 미묘한 심리 게임을 하는 방법을 알려 주는 스승님 같은 캐릭터죠. 주인공의 연인으로 지위가 올라가느냐, 일회용처럼 지나가느냐에 따라 생존율이 크게 달라집니다.

샤워하는 미인

　　일상생활을 하면서 인간이 공포를 느끼는 몇 가지 순간이 있습니다. 그중 하나가 샤워를 할 때 아닐까요? 문을 등지고 알몸, 게다가 눈을 감고 있어요. 무방비 상태에서의 방어 본능이 '공포'를 일으킨다고 합니다. 그런 공포에서 기인한 사망 플래그가 '샤워하는 미인'입니다. 히치콕의 〈싸이코〉 이래로 전형적인 연출이 됐죠. 이 상황이 절망적인 이유는 습격당했을 때 피할 방법이 거의 없기 때문입니다. 욕실이라는 도망칠 데 없는 밀실, 알몸이라는 무방비함, 무기로 쓸 만한 것도 없어서 이른바 막다른 골목이에요(제이슨 스타뎀 같은 배우라면 샤워 노즐이나 헤드로 순식간에 받아치겠지만). 샤워하는 사람이 아름다운 미인이라면 그야말로 위기 일보 직전! 관객들은 '온다, 이제 뭔가가 곧 올 거야!' 하고 긴장하게 됩니다. –by SYO

물속에서
다리에 뭔가가 닿은 사람

해변에서 헤엄치는 도중 혹은 물가에 앉아 발장구를 칠 때, 시각적으로 보이지 않는 곳을 무언가가 건드리는 느낌. 한 번이라도 바닷속에 들어가 본 적 있는 사람이라면 알고 있을 오싹한 기분이죠. 일반적으로는 미역이나 다시마 같은 해초거나 어디선가 흘러온 물체의 조각일 때가 많습니다. 드문 상황으로는 해파리나 바다소, 불가사리 같은 생물일 때도 있어요. 그러나 SF 영화나 호러 영화의 서두에서 무언가가 닿았다면, 이미 클레이모어지뢰*를 밟은 것과 마찬가지의 사망률(거의 죽어요. 명복을 빕니다)입니다. 남은 것은 절망뿐이죠. 바닷가에 가는 것 자체가 사망 플래그일지 모르니, 피해자를 더 늘리지 않으려면 호텔 나이트 풀을 추천합니다.

---

* 　미군이 개발한 대인용 지향성 산탄지뢰

Chapter 7

괴수·좀비

MONSTER·ZOMBIE

⚑ 예고된 죽음의 순간 07

물린 사람

물린 사람

물려도 의식만 있으면 괜찮다고요? 그럴 리가 있나요. 이야기가 끝날 때까지 백신은 발견되지 않으니 처음에 물린 사람은 대부분 생존하지 못합니다. 영화 초반부에 엑스트라 캐릭터는 거의 다 좀비가 되고 맙니다. 그들은 좀비 바이러스의 공포를 알려 주는 소중한 실험체인 셈이죠. 가끔 좀비들을 다른 데로 끌고 가 주인공에게 도망칠 길을 만들어 주며 장엄한 죽음을 맞이할 때도 있지만, 8할은 감염 사실을 숨기고 입을 꾹 다물고 있다가 큰일을 치는 것이 전형적인 패턴이에요. 한밤중에 자고 있을 때, 샤워실에서, 함께 탄 차량에서 갑자기 주인공을 물려고 덤빕니다. 대처법은 간단해요. 헤드샷 한 방이면 끝. 설령 친구나 애인이었더라도 잠깐 망설이는 연기를 한 뒤, 쏘아 죽이는 게 좀비물의 전형입니다.

자막 영화에서 도중에 대사가
뚝 끊기는 사람

놈들이 언제 올지 몰라, 모두 차분하게 ―

영화에서, 특히 이야기가 중반쯤 접어들었을 때 등장인물이 아직 말하고 있는데 갑자기 음소거 현상이 발생하면 조심하세요! 영화 장르가 마구잡이로 폭탄이 펑펑 터지는 액션이거나 피에 굶주린 괴물이 뛰어나오는 패닉물이라면, 안타깝지만 이미 늦었습니다. 대부분 2초 안에 죽을 거예요. 갑작스러운 폭발로 화염에 휩싸이거나 괴물의 발톱에 온몸이 갈기갈기 찢깁니다. 다만, 터프가이거나 익살꾼 역할이라면 "제기랄! 비싼 옷이 다 망가졌잖아!"라고 농담을 하며 부활할 가능성도 있어요. 생존율을 조금이라도 높이고 싶다면 유머와 근육을 키우고, 조금은 괜찮은 옷을 장만해 둬도 좋겠죠? -by 지적인 해트

이야기 중반에 등장하는
구조 헬기

험준한 바위산, 좀비로 뒤덮인 도시, 광활한 사막에서 구조 헬기는 하늘에서 내려온 천사와도 같은 존재이지만, 작품 중반에 등장하면 절망 한 스푼을 추가할 뿐입니다. 헬기는 반드시 착륙도 못 하고 추락할 거예요. 혹은 구조자를 보지 못하고 날아갑니다. 헬기 조종사가 멍청해서가 아니라 보이지 않는 작가의 장난 때문이에요. 영화는 아니지만 게임 쪽에서 자주 언급되는 것이, 캡콤(일본의 게임 개발사) 헬기의 높은 추락률입니다. 게임 〈바이오하자드〉의 헬기는 보스를 쓰러 뜨리지 않는 한 이륙하지 않아요. 어떤 작품에서는 그때까지 한잔하러 가자는 장면까지 있다니까요(공식적으로도 헬기는 추락하는 법이라고 언급할 정도예요). 007 시리즈의 본드카가 반드시 파괴되듯이 캡콤 헬기의 추락은 〈바이오하자드〉의 상징이라고 해도 좋을 정도랍니다.

시선을 돌리자 갑작스레 사라진 사람

장난감 매장에 다가가는 세 살 아이. 에스컬레이터에서 내린 순간부터 걸음이 바빠지더니 잠깐 안 본 사이에 진열된 장난감 탑으로 뛰어갑니다. 호러물에서도 최초의 희생자는 갑작스레 사라지는 법이죠. 엑스트라에 가까워 인기가 없는 캐릭터나 불굴의 리더 캐릭터일수록 조용히 사라집니다. 위의 그림처럼, 예민하게 경계하는 사람을 무시하고 "괜찮다니까, 그런 괴물이 어디 있어." "그런 괴물이 있으면 방송국에 알리러 가자!" 하고 여유를 부리는 인물은 특히 위험합니다. 관객의 시선은 틈을 보이는 인물보다 겁에 질린 인물에게 쏠리므로 관객들의 시선을 다른 곳으로 유도하는 미스디렉션(misdirection)으로 기능합니다.

'앗, ○○가 어디 있지?'라고 의문을 품거나 유리 깨지는 소리가 들린 시점에는 이미 사라지고 없습니다. 시간이 흐른 뒤, 무참한 모습으로 발견되거나 피투성이 셔츠나 구두만 발견되곤 합니다. 어디까지나 개인적인 의견인데, 제대로 된 감독의 호러일수록 사망률이 높고, 별로인 영화는 캐릭터가 아무 이유 없이 부활하거나 죽어야 할 타이밍에 안 죽을 때가 많아요. 또한 조용히 살해당하거나 잡아먹히는 것이 호러의 핵심인데, 조잡한 호러 영화는 특수효과나 CG를 사용해 죽이는 장면을 일부러 집어넣기도 하죠. 감독이 플래그 사용법에 미숙해서가 아닐까요?

폭주 차량을 제지하려는 사람

　　폭주하는 차량을 권총으로 멈추는 것은 사실 어려운 일입니다. 권총의 유효 사거리는 50km. 폭주 차량이 시속 60km로 접근한다면, 사격할 수 있는 시간은 고작 3초 정도입니다. 설령 운전자를 맞히더라도 브레이크를 밟아 준다는 보장이 없으니 그에 맞춰 몸을 피할 준비도 해야 하죠. 그걸 겨우 3초 안에 할 자신이 없다면 차 앞에 서면 안 됩니다. 일본 경찰이라면 더 쉽지 않아요. ① 경고 ② 위협사격 ③ 실제로 겨누고 쏘기, 이 세 단계가 '경찰관의 권총 사용 및 취급 규범'에 정해져 있거든요. 갑자기 쏘면 규범 위반입니다. 따라서 "멈추지 않으면 쏘겠다!"라는 말은 "부탁이니까 제발 멈춰!"라고 경찰이 애원하는 말입니다. -by 사토

괴물끼리 싸우는데
그 옆에 있는 유명한 건축물

특수촬영물의 미니어처 기술은 나날이 진화합니다. 에다마사 요시로*
나 쓰부라야 에이지** 같은 영화감독들이 특수촬영물을 발전시켜 왔죠. 〈고질
라〉 같은 극장판 특수촬영물에는 유명한 건축물이 반드시 등장합니다. 지금은 주
객이 전도되어 건축물이 영화 팬들의 성지순례를 위해 존재하는 듯한 이미지가
되었지만 원래는 괴수의 스케일을 표현하고 가공할 만한 파괴력을 보여 주기 위
해 등장했습니다. 경제성장으로 고층화된 건축물에 맞춰 고질라도 점점 거대해
졌죠. 초대 고질라는 50m 크기였는데, 〈신 고질라〉에서는 118.5m까지 성장했
어요! 커지면 당연히 파괴력도 올라가죠. 건물이 파괴되면 회사의 실적이 오른다
는 소문도 있다네요. 〈고질라〉 다음 시리즈에서는 출판사를 파괴해 주세요!

---

*　뛰어난 감독과 카메라맨을 길러낸 일본 영화 초기의 선각자.

**　일본의 특수촬영감독. 쇼와 시대 특수촬영 기술의 일인자. 특수촬영 영화계에 지대한 공적을 남겼다.

태풍이 온 날 밭을 살피러 간 사람

사망 플래그가 꼭 파티피플에게만 세워지지는 않아요. 열심히 일하는 사람 앞에도 평등하게 닥칩니다! 할리우드 영화에서 우주에서 온 외계인은 대부분 옥수수밭에 낙하합니다. 혹은 화학 공장에서 만들어진 괴생명체가 밀밭에 숨어들죠. 영예로운 첫 번째 희생자는 농가 사람들입니다. 창이 덜컹덜컹 흔들릴 정도로 강한 태풍이 온 밤, 갑자기 개가 짖기 시작합니다. 오랜 감으로 이변을 깨달은 농부(보통 할아버지)는 위험을 무릅쓰고 작물을 살피러 가죠. 평범한 사람이라면 비를 맞기 싫고 귀찮으니까 그냥 내버려 둘 텐데, 구태여 나갈 정도로 일을 사랑하고 헌신하는 모습에 고개가 숙어집니다. 희생자가 선한 사람일수록 그 비극성과 괴물에게 느끼는 공포가 고조되며 관객을 영화에 몰입시키죠. 실로 무자비하네요! 농부 할아버지, R.I.P. – by SYO

낚싯대가 불가능할 정도로 휘어져
흥분한 사람

바다 생물과의 진검승부. 낚시는 한번 맛을 들이면 남녀 불문하고 푹 빠져드는 취미입니다. 물고기가 클수록 낚시의 난이도가 올라가므로 낚았을 때의 감동은 더 대단해집니다. 그러나 흥분이 지나치면 낚싯줄 끝에 걸린 것이 물고기가 아니라 사망 플래그일 수 있음을 간과합니다. "오! ○○ 씨가 월척을 낚았나 봐!" 흥분하는 낚시꾼들. 큰놈이라고 구경하러 모여드는 사람들. 릴이 괴상할 정도의 속도로 회전하기 시작하네요. 낚아 올리면 제방과 낚시터의 영웅이 되겠지만……. 무슨 마법에라도 걸린 듯이 부러지지 않는 낚싯대와 끊어지지 않는 실. 다음 순간, 크게 입을 벌린 미지의 생물이 수면 위로 뛰어나와 덥석! 낚시꾼의 모습은 온데간데없습니다. 다음 생에는 낚싯줄에 걸린 게 월척이기를!

사망 확인을 제대로 안 하고
접근하는 사람

과도하게 사망 확인에 집착하는 캐릭터(《죠죠의 기묘한 모험》의 디오)가 있는 한편, 죽었다고 금방 판단하고 선뜻 다가가는 캐릭터도 있죠. 특히 엑스트라일수록 이겼다고 멋대로 착각하고 다가갑니다. 너무 쉽게 당해 쓰러진 상대가 알고 보면 유체 금속으로 만들어졌거나 권총 따위는 얼마든지 맞아도 되는 금강불괴의 몸을 지녔을지도 모르는데! 위의 그림으로 예를 들면, 모자를 쓴 남자는 누워 있는 남자에게 발목을 붙잡히고 무지막지한 손아귀 힘에 의해 발목이 우두둑 골절될 겁니다. 그 후 순식간에 목뼈까지 꺾이겠죠. 그러면 대머리 남자가 비명을 지르며 산탄총을 쏠 텐데, 곧 총탄이 다 떨어지고 총대를 이리저리 휘두르다 일방적으로 원 펀치 원 킬로 당합니다.

고대 봉인을 푸는 사람

봉인을 푸는 것은 백해무익합니다. 이집트를 배경으로 한 액션 영화나 원혼이 나오는 호러 영화를 본 사람이라면 DNA에 이미 하면 안 되는 일이라고 새겨 뒀을 거예요. 그런데 영화나 드라마의 등장인물은 근거 없는 자신감에 휩싸여 금은보화를 얻기 위해, 아니면 자신의 명예욕을 채우기 위해 봉인을 마구잡이로 풀어 버립니다. "그만두는 게 좋겠어." 이렇게 말리는 사람이 있긴 하지만 때려서라도 그만두게 하는 사람은 없어요. 결국 재앙이나 미라 같은 비과학적인 존재에게 말살됩니다. 누르면 안 되는 버튼, 열면 안 되는 상자, 보면 안 되는 애인의 휴대폰 등 사람은 금지된 행동을 저지르기 쉬운 존재죠. 딸칵 열고 싶은 마음은 알겠지만 단단히 봉인해 둡시다.

사망 플래그
087

동료와 떨어진 곳에서 애정 행각을 즐기는 커플

여기라면 아무도 방해 안 할 거야.

괴수나 좀비 영화에서 사랑꾼 커플은 일찌감치 죽습니다. 아니 감독님! 학창 시절에 무슨 트라우마라도 있었나요? 심히 걱정될 정도로 잔인하게 죽이는 패턴이 많아요. 집단에서 멀리 떨어져서 애정 행각을 벌이는 두 사람, 보통 한쪽은 미식축구 선수이고 다른 쪽은 치어리더 캡틴인 인기 만점 커플입니다. 평소엔 언제 어디서나 애정 행각을 해대면서 갑자기 남을 신경 쓰며 둘만 있으려고 하니까 죽는 것도 어쩔 수 없네요. 시시덕거리는 커플을 떠올리면 저도 살짝 화가 납니다 (심지어 주인공을 괴롭히는 재수 없는 캐릭터일 때가 많거든요). 큰 사건의 시작을 알리는 중요한 캐릭터이니 사망 플래그가 최단 시간에 회수되는 건 불을 보듯 뻔하겠죠?

좀비의 배만 쏘는 사람

좀비에 응전할 때는 일단 머리나 목을 노립시다. 물론 머리는커녕 목을 잘라도 전혀 데미지를 받지 않는 좀비, 불이나 전기를 써도 쓰러지지 않는 좀비, 심지어 무적에 가까운 좀비까지 이제는 종류가 다양해졌어요. 그래도 '좀비의 약점은 머리나 목'이 아직 이 장르의 주류입니다. 그런데도 좀비의 배만 노리는 사람이 있어요. 상대가 좀비인 줄 알아보지 못했거나 두렵고 불안해서 판단력을 잃었거나, 어떤 이유에서든 좀비의 배만 노리는 사람은 죽습니다. 좀비는 순식간에 거리를 좁혀 그대로 경동맥을 물어뜯거나 어마어마한 힘으로 내장을 죄 끌어내 등장인물을 죽입니다. 약점을 몰라서 죽다니 이것 참 비참한 죽음이네요. -by 지적인 해트

사망플래그
089

유난히 괴물을 잘 아는 괴팍한 베테랑 사냥꾼

괴수 영화계 창작물에는 '이상하게 괴물의 생태를 잘 아는 지역 주민'이 존재합니다. 보통 사냥을 해서 생계를 꾸리죠. 괴팍한 사람이라 '괴짜 토마스'나 '주정뱅이 밥' 같은 별명으로 통합니다. 대부분 실력은 뛰어난데 이상한 언동을 반복해서 마을 사람들이 껄끄러워합니다. 그런데 그들은 '식인 괴물'이 마을을 휘젓고 다닐 때 비로소 진가를 발휘합니다. 그들은 갑자기 나타나서 괴물과 관련 있는 특이한 에피소드를 말하고, 자기 조상과 괴물 사이의 질긴 인연을 언급하며 때로는 대가 없이 괴물을 퇴치해 주겠다고 나서기도 합니다. 참으로 고마운 제안인데, 베테랑 사냥꾼 중 9할쯤은 일을 도모하다가 죽어요. 〈죠스〉의 퀸트 선장이 대표적이죠. -by 지적인 해트

발견된 테이프에 찍힌 사람들

　'이 영상은 어떤 사건을 원인으로 실종된 촬영자가 마지막으로 남긴 기록이다'라는 형식으로 진행하는 페이크 다큐멘터리 작품을 '파운드 푸티지(found footage)'라고 합니다. 굳이 말할 것도 없이 그런 기분 나쁜 영상에 찍힌 사람이나 그 모습을 기록한 촬영자는 거의 전원 죽습니다. 영상에 등장한 사람이 지금도 살아 있다면, 그 테이프가 제삼자의 손에 의해 어딘가에서 발견되어 세상에 나올 리가 없죠. 클라이맥스 장면에서 촬영자가 "아빠, 엄마. 미안해. 사랑해요" 같은 소리를 한다면 절망적인 상황이나 마찬가지입니다. 죽고 싶지 않다면 "어떤 상황에서도 촬영은 계속되어야 해!" 같은 소리는 안 해야겠어요.

혼자 화장실에 가는 사람

생리 현상은 멈출 수 없죠. 참으면 방광염에 걸리고, 몸과 마음의 안정을 위해서도 소변은 볼 수 있을 때 보는 게 옳습니다. 그러나 전쟁이나 호러 영화에서 소변은 싸움의 도화선이 될 때가 많으니 일률적으로 화장실에 가도 좋다고 하기 어려워요. 심지어 소강상태일 때 소변을 보러 가도 위험합니다. 아무리 무서운 꼴을 당해도 살아남는 익살꾼 캐릭터라면 혹시 생존할 수도 있겠네요. 참고로 중일전쟁은 화장실에 간 병사로 인해 발생한 루거우차오 사건* 때문에 시작됐죠. 어쩌면 화장실은 스토리가 시작되는 중요한 장소일지도 모르겠어요.

---

* 1937년 7월 7일 밤, 중국 펑타이에 주둔한 일본군이 야간 연습을 하던 중 총소리가 나고 사병 하나가 돌아오지 않자 중국군이 사격했다는 구실로 중국군을 공격해 다음 날 8일 루거우차오를 점령했다. 해당 사병은 용변을 보러 간 것이었고 20분 후에 복귀했다. ─옮긴이

영화배우와 사망 플래그

죽어야 할 캐릭터가 안 죽고 영화가 끝나거나 다음 작품에서 부활하는 패턴은 액션이나 전쟁, SF 영화에서 흔히 볼 수 있습니다. 대표적인 캐릭터라면 역시 〈터미네이터〉의 T-800이죠. 1편에서는 적이었던 T-800. 아널드 슈워제네거가 워낙 호평을 받은 덕분에 2편에서도 주인공의 조력자 캐릭터로 등장해 작품의 얼굴 같은 존재로 자리를 잡았습니다. 또 사망 캐릭터가 현장에서 자주 바뀐 영화가 있는데, 바로 〈스타워즈〉입니다. 한 솔로는 각본상 죽어야 했는데, 캐릭터 장난감을 계속 팔아야 해서 생존했습니다. 저항군 조종사인 포 다메론도 인터뷰에서 각본상 죽어야 했다고 밝혔습니다. 그러나 포는 살아야 한다고 직접 제작진을 설득한 결과, 생존하는 쪽으로 각본을 수정했대요. 현상금 사냥꾼인 보바 펫도 정설에서는 사망 취급입니다. 그런데 코믹 버전에서 부활했어요. 보이지 않는 포스의 힘으로 생사가 이리저리 바뀝니다. 사망하면 시리즈가 끊겨 버리는 위험이 있는 주인공의 생사. 시나리오나 원작에서 사망한 캐릭터가 영화에서는 생사불명이거나 생존하는 경우를 흔히 볼 수 있어요. 〈람보〉는 사망 장면을 촬영까지 해서 1편으로 끝날 가능성도 있었습니다. 그런데 살아남았죠. 결과적으로 역사적인 명품 시리즈가 됐으니 죽이지 않아서 다행이었네요. 참고로 반대 패턴인 생존해야 하는데 죽은 캐릭터는 생각보다 죽인 이유를 잘 밝히지 않습니다. 보통 출연

료나 스케줄 문제, 감독이나 각본가와 크게 싸워 캐릭터가 죽는 경우가 많습니다. 하지만 가장 최악의 상황은 폴 워커, 리버 피닉스, 히스 레저처럼 촬영 중이나 촬영 후에 배우 본인이 사망한 경우가 아닐까요? 특히 왜 연기를 잘하는 배우일수록 불행해지는지……. 그들의 명연기를 이제는 볼 수 없다는 사실이 안타까울 뿐입니다.

수많은 책 중 이 책을 선택해 주신 여러분, 고맙습니다.

원래 이 책은 취미로 SNS에 올리던 시리즈였습니다. 다카라지마 출판사의 편집자 도키 씨, 기획사 워드스트라이크의 사토 씨, 프리랜서 작가인 지적인 해트 씨, 시노노메 야쿠모 씨, 차이치로 씨, SYO 씨, 디자인을 담당해 주신 AFTER GLOW 씨, 게스트 만화를 그려 주신 모야조 씨, 모든 분께 진심으로 감사 인사를 드립니다. 다음에 동네에 오시면 한잔 사겠습니다!

이 책을 완성하고자 최근 반년간 집중해서 캐릭터의 사망 장면만 반복해서 봤습니다. 수없이 보면서 사망한 캐릭터의 수를 셌죠. 〈시스터 액트〉와 〈람보〉의 사망자 수가 같은 것을 알게 된 것도 그래서입니다. 정신이 좀 나갔었죠.

어머니도 제가 '영화에서 캐릭터가 죽음에 이르는 흔한 패턴'을 정리한 책으로 작가 데뷔를 하게 됐다고 말씀드렸더니 당황하셨습니다. 그래도 각종 죽음을 보면서 배운 점도 있습니다.

방심하고 자만해서 느슨해진 마음이 죽음으로 이어질 때가 많더군요. 괴물이나 살인마는 바로 그 틈을 노립니다.

인생을 살면서 단 한순간도 자만하거나 교만해져선 안 됩니다!

호러 영화에는 이런 인생 교훈 비슷한 메시지가 담겨 있는 게 아닐까요?

_찬타

CHAPTER 1 | 액션 | **ACTION** |

영화 〈**라이언 일병 구하기**〉 | 1998 | 스티븐 스필버그
제2차 세계대전 중 밀러 대위가 이끄는 8명의 구출팀이 제임스 라이언 일병을 구
하러 가는 여정을 그린 영화

영화 **마블 시리즈** | 2008 ~ | 마블 스튜디오
마블 코믹스 원작 만화를 기반으로 마블 스튜디오가 제작한 영화 시리즈. 〈아이
언맨〉을 시작으로 〈어벤져스〉, 〈캡틴 아메리카〉, 〈블랙 팬서〉 등 수십 편의 시리즈
가 제작되었다.

TV드라마 **에이전트 오브 쉴.드.** | 2013 ~ 2020 | ABC스튜디오, 마블 TV
비밀기관 쉴드와 비밀 요원들의 활약을 그린 마블 영화 시리즈의 스핀오프 TV드
라마

영화 〈**1917**〉 | 2019 | 샘 멘데스
제1차 세계대전 중 영국군 병사 2명이 1,600명의 아군을 구하기 위해 적진을 가
로질러 사령관의 명령을 전달하러 가는 전쟁 영화

영화 **샤크네이도 시리즈** | 2014 ~ 2020 | 안소니 C. 페란트
식인 상어 떼가 도시를 덮치는 SF 영화. 〈샤크 쓰나미〉, 〈인투 더 샤크스톰〉 등 총 6편의 시리즈가 있다.

영화 〈**대결**〉 | 1971 | 스티븐 스필버그
한적한 2차선 도로 위에서 탱크로리가 보복운전으로 승용차를 위협하는 스릴러 영화

애니메이션 〈**죠죠의 기묘한 모험**〉 | 2012 ~ | 아라키 히로히코
죠스타 가문의 후계자와 사악한 돌가면의 힘을 빌어 흡혈귀가 된 가문의 양자와 의 숙명적인 대결을 그린 애니메이션 (출처 : 영상물등급위원회)

애니메이션 〈**마법소녀 마도카☆마기카**〉 | 2011 | 우로부치 겐
평범한 중학생이던 마도카가 마법 소녀가 되면서 벌어지는 이야기

영화 〈**매드맥스: 분노의 도로**〉 | 2015 | 조지 밀러
핵전쟁으로 멸망한 미래, 독재자 임모탄의 아내들을 데리고 탈출한 퓨리오사가 떠돌이 맥스와 함께 녹색의 땅을 찾아 질주하는 액션 영화

애니메이션 〈**북두의 권**〉 | 1984~1988 | 부론손(오카무라 요시유키), 하라 테츠오
폭력이 지배하는 약육강식의 세계에 나타난 전설의 암살권 '북두신권'의 계승자 켄시로의 삶을 그린 액션 애니메이션

애니메이션 〈**명탐정 코난**〉 | 1996 ~ | 아오야마 고쇼
검은 조직에 의해 어린아이로 변한 고등학생 명탐정 남도일이 유명한 탐정의 집 에 얹혀살며 사건을 해결하는 추리 애니메이션

애니메이션 〈**세인트 세이야**〉 | 1986 ~ 1989 | 쿠루마다 마사미
여신 아테나의 환생인 소녀를 지키기 위해 모인 소년들의 대결을 그린 애니메이션

CHAPTER 2 서스펜스 | SUSPENSE |

영화 〈**좀비랜드**〉 | 2009 | 루벤 플레셔
'좀비랜드'가 된 세상에서 살아남기 위해 뭉치는 생존자들의 모습을 코믹하게 그
려낸 좀비 코미디 영화

영화 〈**엑스맨 2**〉 | 2003 | 브라이언 싱어
마블 코믹스의 슈퍼히어로로 팀 '엑스맨'을 영화화한 시리즈 중 두 번째 작품. 초능
력이 인간을 위협할 것이라 생각하는 안티 돌연변이 집단과 엑스맨이 충돌한다.

애니메이션 〈**소년탐정 김전일**〉 | 1997 ~ 2016 | 아마기 세이마루 외
소년탐정 김전일이 미궁에 빠진 살인사건의 범인을 밝혀내는 서스펜스 추리 애
니메이션

게임 〈**두근두근 메모리얼**〉 | 1994 | 코나미
코나미가 제작한 최초의 연애 시뮬레이션 게임

CHAPTER 3 SF | SCIENCE FICTION |

애니메이션 **건담 시리즈** | 1979 ~ | 토미노 요시유키 외
우주에서 펼쳐지는 전쟁을 그린 거대로봇 애니메이션 시리즈. 1979년 방영된

〈기동전사 건담〉을 시작으로 현재까지 다수의 후속작들이 제작되었다.

영화 **〈300〉** | 2014 | 노암 머로
BC480년 페르시아 100만 대군에 맞선 300명의 스파르타 용사의 이야기를 담은
액션 영화

영화 **〈13인의 자객〉** | 2010 | 미이케 다카시
일본 막부 시대 포악한 영주 나리츠구를 암살하기 위해 모인 13인의 자객을 다룬
액션 영화

TV드라마 **〈배틀 피버 J〉** | 1979 ~ 1980 | 아사히TV, 토에이
슈퍼전대 시리즈 세 번째 작품. 정예로 구성된 배틀 피버대가 세계 각지의 춤으로
전투하는 이야기를 담은 일본 TV드라마

CHAPTER 4 호러 | HORROR |

영화 **〈샤이닝〉** | 1980 | 스탠리 큐브릭
한겨울 고립된 호텔에서 서서히 미쳐 가는 주인공의 광기를 섬뜩하게 그려 낸 현
대 공포 영화의 고전 (출처 : 네이버 세계영화작품사전)

영화 **〈싸이코〉** | 1960 | 알프레드 히치콕
회사 공금을 횡령한 여성과 그녀를 살해하는 이중인격 남성 노먼 베이츠의 이야
기를 다룬 공포 영화 (출처 : 네이버 세계영화작품사전)

영화 **〈마리안의 욕망〉** | 1976 | 댄 커티스

시골의 한 저택에 휴가를 보내러 온 가족이 비밀을 간직한 집 때문에 끔찍한 일을 겪는 공포 영화

영화 **레지던트 이블 시리즈** | 2002 ~2017 | 폴 앤더슨 외
인류의 유일한 희망인 주인공 앨리스가 T-바이러스로 지구를 장악한 언데드와 엄브렐라에 대항하는 이야기

영화 〈**컨저링**〉 | 2013 | 제임스 완
외딴 집으로 이사한 가족이 집에 깃든 악령으로 인해 초자연적인 일을 겪게 되는 호러 영화

TV드라마 〈**후루하타 닌자부로**〉 | 1994 ~ 1999 | 후지 TV
일본 경시청 형사인 후루하타 닌자부로가 사건을 해결하는 형사 추리물

영화 〈**록키**〉 | 1976 | 존 G. 아빌드센
무명 복서 록키가 세계 유명 복서가 되는 힘겹고 외로운 과정을 담은 영화 (출처 : 영상물등급위원회)

영화 **스타워즈 시리즈** | 1977 ~ | 조지 루카스 외
우주를 배경으로 펼쳐지는 사랑과 전쟁, 모험을 다룬 SF 영화 시리즈

영화 〈**데빌맨**〉 | 2004 | 나스 히로유키
일본 만화 〈데빌맨〉이 원작으로 악마와 융합된 인간의 이야기를 담은 액션 영화

영화 〈**검은 물 밑에서**〉 | 2002 | 나카타 히데오
딸과 함께 허름한 아파트로 이사 온 요시미가 아파트에서 끔찍한 일을 겪는 공포

영화

영화 〈**지옥의 경비원**〉 | 1992 | 구로사와 기요시
경비원이 자신이 근무하고 있는 빌딩에서 잔인한 연쇄살인을 저지르는 이야기

CHAPTER 5 **대결** |**BATTLE**|

영화 **터미네이터 시리즈** | 1984 ~ | 제임스 카메론 외
인류를 멸망시키려는 터미네이터 기계군단 스카이넷에 맞서는 인류의 투쟁을
그린 영화 (출처 : 영상물등급위원회)

영화 〈**부산행**〉 | 2016 | 연상호
정체불명의 바이러스로 아비규환이 된 대한민국. 부산행 열차에 탄 주인공들이
살아남기 위해 치열한 사투를 벌인다.

CHAPTER 7 **괴수·좀비** |**MONSTER·ZOMBIE**|

게임 〈**바이오하자드**〉 | 1996 ~ | 캡콤
캡콤이 제작한 좀비 액션 서바이벌 호러 게임으로 다수의 시리즈가 있다.

영화 **007 시리즈** | 1962 ~ | 루이스 길버트 외
영국 첩보 기관 MI6 소속 스파이 제임스 본드를 주인공으로 한 액션 영화. 〈007
살인번호〉(1962)를 시작으로 수십 편의 007 시리즈가 제작되었다.

영화 〈**고질라**〉 | 1998 | 롤랜드 에머리히

뉴욕 한복판에 핵실험으로 인해 만들어진 돌연변이 괴수 고질라가 나타나고, 주인공들이 이에 맞서 싸우는 대결을 그린 괴수 영화

영화 〈**신 고질라**〉 | 2016 | 안노 히데아키, 히구치 신지

도쿄에 정체불명의 괴수 고질라가 나타나고, 주인공들이 고질라를 저지하기 위해 맞서 싸우는 SF 영화

영화 〈**죠스**〉 | 1975 | 스티븐 스필버그

식인 상어의 습격으로 공포에 휩싸인 마을에 2명의 전문가가 나타나 상어와 사투를 벌이는 스릴러 영화

영화 〈**람보**〉 | 1982 | 테드 코체프

베트남 전쟁에서 귀환한 존 람보가 전쟁 트라우마로 인해 경찰들과 대치하며 게릴라전을 벌이는 액션 영화

맺음말

영화 〈**시스터 액트**〉 | 1992 | 에밀 아돌리노

범죄 현장을 목격해 목숨이 위태로워진 삼류 가수 들로리스가 경찰의 증인보호 프로그램으로 수녀원에 들어가 성가대의 지휘를 맡게 되면서 벌어지는 사건을 그린 코믹 액션 영화

5,000편의 콘텐츠에서 뽑은 사망 플래그 91
사망 플래그 도감

초판 1쇄 발행 2021년 8월 24일
초판 2쇄 발행 2022년 2월 25일

지은이 │ 찬타
옮긴이 │ 이소담

펴낸이 │ 정상우
편집주간 │ 주정림
디자인 │ 석운디자인
펴낸곳 │ (주)라이팅하우스
출판신고 │ 제2014-000184호(2012년 5월 23일)
주소 │ 서울시 마포구 잔다리로 109 이지스빌딩 302호
주문전화 │ 070-7542-8070 **팩스** │ 0505-116-8965
이메일 │ book@writinghouse.co.kr
홈페이지 │ www.writinghouse.co.kr

한국어출판권 ⓒ 라이팅하우스, 2021
ISBN 978-89-98075-89-7 (03680)